D&DEPARTMENT
디앤디파트먼트
에서 배운다,
사람들이 모여드는
전하는 가게
만드는 법

D&DEPARTMENTに学んだ、
人が集まる「伝える店」のつくり方

学びながら買い、学びながら食べる店

D&DEPARTMENT NI MANANDA
HITO GA ATSUMARU 「TSUTAERUMISE」 NO TSUKURIKATA
© KENMEI NAGAOKA 2013

Originally published in Japan in 2013 by BIJUTSU SHUPPAN-SHA, LTD., TOKYO.
Korean translation rights arranged with BIJUTSU SHUPPAN-SHA, LTD., TOKYO, through TOHAN CORPORATION, TOKYO, and B&B Agency, SEOUL.
Korean translation © MILLIMETER MILLIGRAM 2014

본 저작물의 한국어판 저작권은 B&B Agency를 통해
미술출판사와의 독점 계약으로 밀리미터밀리그람에 있습니다.
저작권법에 의해 한국 내에서 보호를 받는 저작물이므로
무단 전재와 무단 복제를 금합니다.

# D&DEPARTMENT
# 디앤디파트먼트
# 에서 배운다,
# 사람들이 모여드는
# 전하는 가게
# 만드는 법

사면서 배우고, 먹으면서 배우는 가게

나가오카 겐메이 지음

허보윤 옮김

**일러두기**

본문에서 역자 주(註)는 ◆,
편집자 주는 ♀로 표시했다.

목차

들어가며 ·········································· 006

옮긴이의 글 ······································· 010

제1부  나가오카 겐메이가 생각하는
       전하는 가게 디앤디파트먼트 ············· 017

제2부  디앤디파트먼트 만드는 방법 ············· 073

제3부  디앤디파트먼트를 체험하다 ············· 177

마치며 ············································ 230

부록   디앤디파트먼트 프로젝트
       주요 활동 ································ 234

들어가며

'디자이너 맨션[9]', '디자인 가전'과 같은 말이 수명을 다하고, 다음으로 등장한 화두는 바로 '제작자'입니다. 여기에는 하나의 물건이 탄생하기까지의 긴 이야기 혹은 품과 시간을 들인 제작자에 대한 세상 사람들의 강한 관심이 자리하고 있습니다. 나는 디자이너로서 18세부터 35세까지 전력을 다했습니다. 그러다가 마흔에 접어들 무렵, '디자인'에 대한 회의가 들었습니다. 그리고 무엇이 '올바른 디자인'인지 찾고 싶어서 만든 것이 바로 '디앤디파트먼트 프로젝트D&DEPARTMENT PROJECT' 가게입니다. 우리 가게가 '올바른 디자인'을 판별하는 기준은 바로 '롱 라이프 디자인long life design'입니다. 시간이 증명한 디자인, 생명이 긴 디자인이 '올바르다'고 생각하기 때문입니다. 그래서 탄생한 지 20년 이상 지난 생활용품만을 정가에 판매하고 있습니다. 가게에 찾아온 대부분의 사람들은 "허참, 이런 가게도 장사가 됩니까?"라고 묻습니다.

---

[9] 디자이너나 건축가의 설계에 따라 신축 혹은 개·보수된 원룸 등의 소형 주거지를 일컫는 말로 현대 일본의 특유한 주택 형식 중 하나이다. 대개 외형이나 실내 구조가 독특하다.

우리는 가게 문을 잠시 닫은 채 생산 공장을 방문하거나 취재하기도 하고, 휴일에는 가게에 초대 인사를 모시고 손님들과 함께 '공부회'를 열기도 합니다. 영업시간 중에 공부회를 개최하는 경우도 있고, 때로는 공부회를 위해 가게 문을 닫기도 합니다. 그러면 돈을 벌 수 있는 기회가 줄지만, 대신 소중한 사람들이 가게에 많이 모이게 됩니다.

경기가 안 좋으면 사람들은 물건을 사지 않습니다. 그리고 물건을 갖고 싶어 하는 욕망에도 질적 변화가 생깁니다. '제대로 된' 물건을 사고 싶어 하는 방향으로 변화하는 것이지요. 물건을 사기 위해 공부하기 시작하고 점원, 제작자, 구매자 간에 교류가 일어나기 시작합니다. 이것이 바로 오늘날의 '커뮤니티'입니다.

커뮤니티, 즉 공동체라는 말은 일반적으로 정부나 지자체의 지원을 받아 사람들 간의 관계나 지역의 미래를 여러 사람이 함께 만들어가는 것을 의미합니다. 상품 판매 현장에 커뮤니티를 도입하여 손님 접대에 시간과 노력을 들이는 것은 쓸데없는 일일지도 모릅니다. 상품이란 어디까지나 파는 물건이기 때문입니다. 하지만 우리가 취급하는 상품은 손님과 충분한 대화를 나눈 후 만나는 물건들, 손님이 정말로 사고 싶어 하는 물건들입니다. 이제, 정말로 좋은 생활용품을 가지고 싶어 하는 사람이라면 커뮤니티라는 요소를 강하게 열망하는 시대가 되었습니다.

커뮤니티의 모임방 같은 가게가 생기고 매장이 커뮤니티의 바탕이 되면, 결과적으로 장사도 잘될 수 있습니다. 취급하는 물건과 사람들의 관심이 보다 '진짜'에 가까워질수록, 매장의 '커뮤니티'화는 더욱 가속이 붙을 것입니다.

 롱 라이프 디자인을 추구하는 가게를 열어 정가 판매를 하면서 제작자들의 생각을 전해온 지 어느새 14년이 된 지금, 이런 가게와 커뮤니티의 존재 방식을 정리해보고자 이 책을 썼습니다. 물건이 넘쳐나는 현대 그리고 미래에, 우리의 노력을 계기로 물건 파는 가게의 존재가 재인식되기를 바랍니다.

나가오카 겐메이

옮긴이의 글

이 책을 번역한 나는 대학에서 현대공예 이론을 가르치고 있다. 내가 수업 시간에 학생들과 같이 고민하는 주된 주제는, 현대사회에서 공예라는 일이 어떤 의미를 가지고 있는가에 관한 것이다. 기계 생산과 대량생산으로 일상에 필요한 거의 모든 사물이 만들어지고, 그러한 양산 제품만으로도 삶이 과포화 상태인 오늘날, 굳이 수공이라는 비효율적인 방식으로 무언가를 또 만들어 내다니, 그것은 도대체 무슨 의미가 있단 말인가. 이 같은 질문 혹은 한탄에 대한 답을 찾는 것이 나의 일이다.

    나는 공예가의 일과 공예품이 오늘날 인간과 사물의 관계를 재설정하는 데에 매우 중요한 모델이 될 수 있다고 생각한다. 대량 소비사회로 진입한 후 인류는 삶의 환경을 구성하는 사물들을 오로지 소모품으로 인식해왔다. 한 번 쓰고 버리는 일회용품이나 몇 번 입지 않고 그대로 폐기되는 패스트 패션을 대하는 인류의 극단적인 태도는 현대 소비사회에서 인간과 사물의 관계가 얼마나 왜곡되어 있는지를 잘 보여준다. 사물에 인생의 흔적이 남아 있다거나 추억이 담겨 있어 소중하다는 생각은 이미 희미해진 지 오래다.

그런데 공예는, 의미 없는 도구로 전락해버린 사물에 온기를 불어넣어 사물을 다시 돌아보고 쓰다듬게 만든다. 싸구려 일회용품이 아닌, 누군가가 정성을 다해 만든, 질 좋은 사물은 그것을 대하는 사람의 태도를 바꿔놓는다. 사물을 대하는 태도가 달라지면 인생을 대하는 자세도 변화한다.

내가 공예라는 어휘로 말하고자 하는 바를 나가오카 겐메이는 디앤디파트먼트D&DEPARTMENT(이하 디앤디)의 사업 철학에 담았다. 내가 생각하는 공예품의 역할을 나가오카 겐메이는 좋은 디자인의 사명이라고 생각한다. 좋은 디자인의 사물을 오래 쓰고 이어 쓰면서 만든 이의 마음을 헤아리다 보면 인간과 사물의 관계가 달라질 수 있을 것이라고 믿는다. 그러기 위해 점원도, 손님도 사물에 대해 배워야 한다고 이야기한다. 나가오카가 시작한 디앤디라는 가게는, 그러므로 물건을 판다기보다 어떤 삶의 태도를 '전하고' 있는 것이다.

디앤디는 쓰레기 더미 가운데 좋은 디자인의 물건을 '구조'하는 일에서 시작되었다. 구조된 물건은 디앤디를 통해 판매되고 새로운 수명을 얻어 오래오래 사용된다. 여기서 중요한 것은 모든 물건이 구조되지는 않는다는 점이다. 즉, 뭐가 됐든 오래 쓰기만 하면 되는 것이 아니다. 좋은 혹은 올바른 디자인을 갖춘 물건만이 '긴 수명long life'을 누릴 자격이 있다. 현재의 디앤디는 쏟아져 나오는 물건들 중에 좋은 디자인의 기준에 맞는 사물을 골라―혹은 찾아내―판매하고 있다. 그러나 궁극적으로 지향하는 바는 생산되는 모든 사물이 좋은 디자인을 갖춰, 쉽게 버려지는 일 없이 모두 오래 사랑받으며 장수하는 것이다. 그때가 되면 '싸게 많이' 생산하는 일보다 '오래 쓸 수 있는 질 좋은' 물건을 만드는 일, 즉 공예적 생산이 훨씬 더 중요해질 것이다.

    나가오카 겐메이가 생각하는 좋은 디자인은, 사물의 외양을 근사하게 만들어 판매 실적을 끌어올리는 디자인이 아니다. 그에게 좋은 디자인이란 올바른 생각을 따르는 디자인이다. 좋은 물건을 만들겠다는 의지를 지닌 제작자가 지속적으로 꾸준히 만들어내는 물건, 사용성과 내구성이 떨어지지 않고 고장이 나면 수리해서 다시 쓸 수 있는 물건, 판매한 물건을 후에 가게가 다시 사들여 재판매해도 문제가 없을 만큼 수명이 긴 물건이 바로 좋은 디자인으로 만든 사물이다. 그러한 사물을 대하는 손길에는 제작자에 대한 고마움과 물건에 대한 애정이 듬뿍 실린다. 인간과 사물의 바람직한 관계가 거기서부터 시작된다. 그 관계가 역사를 낳고 추억을 쌓고 인생을 만든다.

    현대 소비사회의 대다수 사람들은 올바른 물건에 관한 아무런 고민 없이 잘살아간다. 그들에게는 유명 브랜드나 유명 디자이너 이름이 물건을 판별하는 절대적인 기준이다. 제작자를 떠올리는 일도 사물의 장수를 소망하는 일도 별로 없다. 이렇듯 생각하거나 고민하는 일조차 쉽지 않은데, 나가오카 겐메이는 행동한다. 디앤디를 시작하고, 지역점을 만들고, 지역 홍보 잡지를 발간하고,

활동 내역을 책으로 출간한다. 이제 국경을 넘어 한국에서도 운동을 시작했다. 그에 비하면 나는 공예운동을 말로만 하고 있는 것 같아 부끄럽다.

한국에서 나가오카 겐메이의 신념을 살려 디앤디 가게를 꾸려가는 일은, 일본의 경우와 많이 다를 것이다. 세계 어느 나라보다도 사물의 생산·폐기 사이클이 빨리 돌아가고 유행이 자주 바뀌는 곳에서 사물의 지속, 장수, 좋은 질 같은 이야기를 나누기는 쉽지 않다. 오래 지속되어온 좋은 디자인의 사물을 찾아내는 일 또한 매우 곤혹스러울 것이다. 그렇다면 좋은 사물을 만들어낼 수 있는 '가능성'에 시선을 돌리고, 그러한 가능성을 지닌 제작자가 좋은 사물의 생산을 지속할 수 있도록 가게와 사용자가 협력해야 한다.

좋은 사물을 만들거나 사용하면서 인간은 외부 세계와 맺는 관계를 되돌아보게 된다. 외부 세계란 내 주변의 사물이고 환경이며 또한 다른 사람들이다. 외부 세계와 주고받는 일상의 관계들이 축적되어 결국 내 삶을 만든다.

내가 하고 싶어 하는 이러한 이야기를 대신해주고 또 실천해주는 나가오카 겐메이 씨에게 고맙다는 말을 전한다. 나는 그저 그의 말을 번역하는 일로 아주 조금 더 사람들에게 다가섰을 뿐이다. 공예 전공생이 아닌 일반인들에게 이런 이야기를 전할 수 있는 기회를 준 밀리미터밀리그람의 배수열과 유미영 대표, 편집자로 애써준 최윤호 씨 그리고 보다 충실한 번역이 되도록 도와

준 김송이 씨에게도 감사드린다.

    번역을 하는 내내 머릿속을 맴돌던, '좋은 물건'에 대한 생각을 많은 사람들과 나누기 위한 첫걸음으로, 나는 운 좋게도 디앤디를 만났다.

2014년 10월 화사한 가을에
허보윤

# 제1부
## 나가오카 겐메이가 생각하는 전하는 가게 디앤디파트먼트

**재활용품점에 쌓인 물건들 모두 원래는 디자이너가
디자인한 제품이었다. 과연 디자인이 소비를
위해서만 존재해도 괜찮은 것인지 고민했다.**

1998년 즈음, 일본 특히 도쿄에 재활용품점이 급증했습니다. 어떤 시각에서 보느냐에 따라 그 이유는 다르겠지만, 나는 디자이너의 관점에서 이유를 생각해보았습니다. 물건을 너무 많이 생산하고, 신상품이 나오는 사이클이 지나치게 빠르고, 그러다 보니 신형을 사고 싶어서 구형을 버리면서 '안 그래도 없애고 싶었는데 마침 잘 됐다'고 여기는 일이 자연스럽게 일어나는 게 주요한 원인이라고 생각했습니다. 물건에 대한 생각이 비정상적으로 변했다는 느낌이 들었습니다. 소중하게 오래 사용한다든가 고쳐서 다음 세대에게 물려준다든가 하는, 이제까지 물건에 대해 가지고 있던 생각이 사라지고 있었습니다.

물건을 만든 사람은 물론 파는 사람의 사고에도 문제가 있어 보였습니다. 생계가 달려 있기 때문에 만드는 사람의 사고방식을 갑자기 바꾸기 어렵다면, 파는 사람이 본래 물건의 삶과 속도에 대해 제작자와 충분히 이야기를 나누고 의식을 갖춘 후에 계산대 앞에 서야 합니다. 또한 파는 사람은 손님과 충분한 시간을 마주하면서 건전한 생활을 위한 생활용품이란 어떠해야 하는지에 관한 이야기를 나눌 수 있어야 합니다. 서두르지 말고 차분히 소통하면서 판매가 무리 없이 이루어지기를 기다려야 합니다. 더불어 제작 현장을 방문하여, '아, 이렇게 많은 노력과 시간을 들여 만드는 물건인데 소중히 사용해야겠구나'라는 생각을 판매자 자신의 마음에 새겨야 합니다. 요컨대, 사는 사람과 만드는 사람 사이에 교차점의 역할을 판매자가 제대로 해야 한다고 생각했습니다.

그래서 우선 일본 제일의 재활용품 가게를 만들어보자고 결심했습니다. 상품의 가치를 판단하는 기준, 즉 물건 매입의 기준은 '올바른 디자인'의 여부였습니다. 새로운 상품을 만들어내는 디자이너가 '저 중고품 가게는 마음에 들어', '저 재활용품점의 물건처럼 장인 정신을 가지고 물건을 만들고 싶어'라는 생각을 떠올릴 수 있는 곳, 그런 가게를 만들어보고 싶었습니다. 이유 있는 가격으로 물건을 판매하는 가게, 의지가 있는 가게 말이지요.

디자인 회사를 운영하면서 주말에 근처 재활용품점들을 찾아다녔습니다. 그간 디자이너로서 새로이 탄생하는 물건에 대해서는 늘 관심을 가지고 보아왔으나 그런 물건들의 마지막 모습은 주의 깊게 살펴보지 못했습니다. 그런데 이번에는 상품의 묘지랄까, 물건이 최후에 인수되는 장소라 할 수 있는 재활용품점에 흥미가 일었습니다.

재활용품점은 크게 세 가지 유형으로 나눌 수 있습니다. 첫 번째는 냉·온방이 되는 쾌적한 공간에 자리한 소위 '일반인을 위한 재활용품점'입니다. 이는 최근 유형으로, 중고품에 별다른 거부감이 없는 소비자를 대상으로 점차 확대되고 있습니다. 두 번째는 냉·온방은 물론 조명 시설조차 부실한 '잡동사니 가게'입니다.

이런 곳도 재활용품 가게에 속하며, 앞서 말한 첫 번째 유형의 원형이기도 합니다. 중고품에 대한 인식이 좋지 않던 시절, 그럼에도 불구하고 새것을 살 수 없는 형편의 사람들을 위한 가게로 시작된, 조금은 암울한 공간입니다. 그리고 세 번째 유형은 사무용품만을 전문적으로 모아놓은 재활용품점입니다. 최근 이러한 가게에도 일반 손님이 많이 드나든다고 합니다.

이러한 '디자인의 묘지'를 순례하면서 아직 디자인적 가치가 있다거나 나름대로 디자인이 재미있어서 가구로 활용할 수 있을 법한 중고 물건들을 내 용돈으로 구입했습니다. 그러고는 자동차의 작은 트렁크에 실어와 사무실의 사용하지 않는 욕실에 넣어두는 일을 반복했습니다. 사무실 부엌에서 가볍게 물로 닦아내고, 녹을 털어내고, 상태가 나쁜 부분을 손보는 것이 당시 주말의 큰 즐거움이었습니다. 그러다 보니 점점 늘어난 중고품으로 사무실의 자그마한 욕실이 가득 찼습니다. 욕실을 가득 채운 중고품들을 보니 이런 가게가 있어도 재미있겠다는 생각이 들었습니다.

드디어 사무실 욕실에 더 이상 물건을 놓을 자리가 없어지고, 사무실의 내 자리에도 놓을 데가 없어지고, 복도에도 넘쳐나게 되었습니다. 그래서 사무실 근처로 집을 이사해서 거기에 물건을 모아두어야 할 형편이 되었습니다. 가게를 내보고 싶었지만 갑자기 가게를 열기에는 너무 경험이 없었습니다. 그래도 가게 비슷한 실험 공간 정도는 어떻게든 마련해보고 싶었습니다.

사무실에서 자전거로 10분 정도 거리에 있는 미타三田에 좀 넓은 아파트를 빌려 이사했습니다. 그러나 집을 이사했다는 느낌보

021 제1부 나가오카 겐메이가 생각하는 전하는 가게·디앤디파트먼트

다는 미래의 가게를 위한 창고를 마련한 기분, 혹은 그동안 머릿속으로 그려온 요상한 셀렉트 숍을 시도하는 듯한 기분이 들었습니다. 그 공간에도 재활용품이 순식간에 가득 차서, 시험 삼아 일곱 개의 물건을 웹 사이트에 올렸습니다.

1999년 당시는 그래픽 디자인계에 웹 디자인이라는 새로운 분야가 막 도입되기 시작한 시점이었습니다. 웹 사이트를 통해 재활용품을 판매해보겠다고 마음먹고, 웹 스토어를 만들었습니다. 그런데 놀랍게도 물건을 올리자마자 순식간에 판매되었습니다. 미타에 있는 집에서 사무실로 재활용품을 가지고 와서 간단히 촬영하고 코멘트를 써서 웹 스토어에 올렸습니다. 그리고 구매자의 입금을 확인한 뒤 꼼꼼하게 포장하고 편지를 덧붙여 발송했지요. 이제까지 해온 디자인 일과는 매우 다른 작업을 일하는 틈틈이 해야 하는 하루하루가 이렇게 시작되었습니다.

'드로잉 앤드 매뉴얼Drawing and Manual'이 우리 디자인 회사 이름이었는데, 그 이름과 느낌이 비슷하면서도 무언가 새로운 생각이 담겨 있는 이름을 웹 스토어에 붙이고 싶었습니다. 그래서 회사명 뒤에 '앤드and'를 다시 붙이고, 단어들의 앞 글자를 따서 '디앤엠에이D&MA'라는 이름을 만들었습니다. 한편, "가까운 곳에 사니 구입한 재활용품을 가지러 가겠습니다" 혹은 "물건이 더 있다면 다른 것도 보고 싶습니다" 하는 요청이 늘어서 주말에 집을 개방하게 되었습니다.

처음에는 주말에 찾아오는 손님이 한 그룹 정도였습니다. 그러나 점차 방문하는 손님이 늘어서 3개월이 지나자 주말이면 하루

에 30여 명이 찾아오는 어지간한 가게 수준이 되었습니다. 또한 판매한 만큼 새 물건을 보충해야 했기에, 원 박스 카one box car◆를 중고로 구입했습니다. 그것을 계기로 본격적으로 사업을 구상하기 시작했습니다.

손님들과 대화를 나누며 직접 피부로 반향을 느껴보니, 본격적으로 가게를 한다면 좀 더 구체적인 방향을 설정해야 한다는 생각이 들었습니다. 오랫동안 디자인 회사에서 일하면서 브랜딩 사고방식이 몸에 밴 덕분에 그런 생각을 하게 된 것 같습니다. 단순히 '재미있는 재활용품점'만으로는 다른 수많은 재활용품점과의 경쟁을 피할 수 없습니다. 경쟁하지 않으면서 본래의 목적을 이루고 싶었습니다. 구입한 물건을 쉽게 버리지 않는 것, 좀 더 애정을 가지고 물건을 다루는 것, 줄곧 사용해온 물건의 가치를 가게를 통해 공유하는 것, 그리고 홈 센터♀처럼 생활용품을 부담 없이 살 수 있는 곳을 만드는 것이 본래의 목적이었습니다. 그러한 의식과 의지가 있어야 사람들의 생활 의식을 높일 수 있다고 생각했습니다. 그러한 생각이 담긴 공간을 만들고자 '롱 라이프 디자인'을 모토로 가게 운영을 하기로 결정했습니다.

한편 '디앤엠에이D&MA'라는 가게 이름이 너무 기호 같고 마니아 분위기가 난다는 생각이 들어서 가게의 업종이 저절로 떠오를 만한 이름을 다시 궁리했습니다. 그러다가 옛날에 백화점이 처음

---

◆ 화물 겸용 승용차, 좌석을 접으면 차내가 넓어지는 차.

♀ '도큐핸즈Tokyu Hands'와 같이, DIY용품이나 원예용품, 일용잡화 등의 다양한 생활용품을 판매하는 대형 소매점을 일컫는 말. 1970년대에 처음 등장했다.

생기게 된 취지, 즉 깊은 산속 같은 외진 곳에서 훌륭한 장인이 만든 물건을 입지가 좋은 장소에서 많은 사람들에게 전달한다는 의지를 담아서, '디앤디파트먼트 프로젝트D&DEPARTMENT PROJECT'(이하 디앤디)라는 이름을 지었습니다. 디자인과 의지를 전하는 백화점 department store으로서, 제작 과정을 포함한 모든 것을 공개하는 가게라는 의미를 담은 것이지요. 이렇게 생각을 정리하면서 강하게 사회를 의식하게 되었고, 가게도 '길가를 향한 것'을 찾기 시작했습니다.

처음에는 나의 디자인 감각에 기대서 내 마음대로 물건을 골라 늘어놓는 가게를 상상했으나 곰곰이 생각해보니 원래 내가 원한 것은 디자인의 사회적 문제점이나 상품 생산의 문제점을 제기하며 그에 대항하고 싶은 것이었다는 사실이 새삼스레 떠올랐습니다. 평소 해오던 디자인 작업이 특정 기업의 정체성을 찾아서 그래픽 디자인으로 구현하는 것이었기 때문에 내가 원하는 가게의 정체성에 대한 생각을 잘 정리할 수 있었습니다. 나의 개성을 담아내는 장소가 아닌, 사회적 문제를 제기하는 장소로서 운영되는 가게가 바로 그것이었지요.

2000년 봄, 드디어 가게를 열 장소를 탐색하기 시작했습니다. 가게의 콘셉트가 '백화점'이었으므로 처음에는 누구나 찾기 쉽고 교통이 편리한 장소를 찾아 다녔습니다. 지하철 야마노테山手 선의 시부야渋谷 역과 에비스恵比寿 역 사이로 지역을 좁혀 찾았고, 결국 약 170평(약 560m²) 넓이의 매우 좋은 장소를 발견했습니다. 그런데 그곳은 음식 판매가 불가능한 공간이었습니다. 애초부터 상품 판매와 더불어 카페도 함께 운영하고 싶었지만, 그 장소가 너무나 매력적이었기 때문에 '글쎄, 카페를 하는 것이 정말 좋을까'라고 위안하며 카페를 포기하고 대신 하루라도 빨리 디앤디의 간판을 걸자고 생각했습니다.

그러나 마음 한가운데 무언가가 개운치 않았습니다. 가장 마음에 걸린 것은 '찾기 쉬운 장소'와 '카페 불가능'이라는 두 가지 사실이었습니다. 그 두 가지는 내가 '디자인'을 생각할 때 개운치 않은 부분과 정확히 일치했습니다. 유행을 만들고 대량으로 소비시키고 쓰레기를 산출하는 디자인, 그리고 일반인들을 이해시키려는 노력 없이 전문가라는 벽을 세워놓고 디자인이란 '모든 이가 알 수 있는 일이 아니다'라고 말하는 억지. 오늘날 디자인에 대한 나의 인상이자 문제점이 바로 이 두 가지였습니다. '찾기 쉬운 장소'는 대량생산과, '카페 불가능'은 전문 업계임을 내세우며 일반인은 상대하지 않겠다는 오만과 각각 겹쳐졌습니다.

이런 생각을 하면서 밤중에 자동차로 도쿄 변두리 순환 8호선이 지나는 세타가야世田谷 구를 달리다가 현재 도쿄점이 된 장소를 우연히 발견했습니다. 다음날 급히 부동산 중개소를 찾아가 보니, 그 장소는 지하 100평, 1층 200평, 3층 200평으로 도합 500평(약 1650m²)의 넓이였습니다. 당시 운영하던 디자인 회사가 약 40평이었고 미타의 창고 겸 집도 40평이었습니다. 가장 유력한 후보였던 에비스 역 부근의 장소가 170평이었으니, 체육관을 떠올리게 하는 500평 넓이는 그동안 상상해보지 못했던 규모였습니다. 그러나 길가의 건물이라는 점, 카페도 할 수 있다는 점, 무엇보다 넓다는 점, 그래서 디자인 사무실도 함께 할 수 있다는 점에 마음이 끌렸습니다. 그리고 이 경험을 전환점으로, 장소가 지닌 장점과 '위치가 나쁘다'는 단점을 바라보는 시선이 크게 달라졌습니다.

솔직히, 일종의 '백화점'을 하기에는 위치가 나쁘다는 점에 대해 당시에도 심각하게 생각하지 않았습니다. 지금은 오히려 뚜렷한 목적을 가지고 찾아오는 손님을 맞고 싶은 경우 일부러 위치가 좋지 않은 곳을 선택하기도 합니다. 당시 저는 '옛날 백화점이 가지고 있었을 법한 '의지'가 있는 매장을 하겠다, 그 의지만 있다면 어떤 장소라도 손님들이 와줄 것이다, 우리의 의지가 전달된다면 손님들도 의지를 갖게 될 것이다'라고 생각했습니다. 그리고 6000만 엔을 대출 받아 건물을 빌리고 디앤디를 시작했습니다.

지금 생각해보면, 2000년 개점했을 때 디앤디는 언뜻 보아 평범한 재활용품 가게로 보였을 것 같습니다. 매입 가격이 신상품과 비교할 수 없을 정도로 싼 재활용품으로 넓은 가게를 모조리 메워버렸으니 말입니다. 그러나 인테리어 디자이너의 미묘한 디스플레이가 일반 재활용품점과는 크게 달라서, 재활용품점을 종종 찾던 사람들조차 쉽게 접근하지 못했습니다. 어쨌든 손님은 전혀 오지 않았습니다. 처음에는 왜 손님이 없는지 도통 알 수가 없었습니다. 그러나 곧 '몰라서 안 온다'는 근본적인 사실을 깨달았습니다. 그리 나쁘지 않은 위치라고 생각한 장소가, 손님들에게는 매우 찾기 어려운 장소였습니다. 그래서 '개점을 알리기' 위해 무엇을 해야 하는지에 대해 새삼스레 이야기를 나누기도 했습니다.

그 뒤로 매장 꾸미기에 몰두하여 평일에는 대부분 매장에서

잠을 잤습니다. 매입한 유리컵을 깨끗하게 씻고, 마지막 마무리 전에 하나씩 물을 담아 마셔보기도 했습니다. 더럽다는 이유만으로 버려진 훌륭한 디자인의 그릇들이 있습니다. 그러한 그릇을 매입해 세척하고 있는 우리가 먼저 '이 그릇은 안전하다'고 생각해야 합니다. 용도를 몰라 버려진 물건들에 대해서도 디자인 감각을 발휘하여 새로운 쓰임을 궁리해봅니다. 그리고 그것을 보는 방법이나 사용하는 방법을 새로이 제안합니다. 이러한 방식으로 큰돈을 들이지 않고 가게 안에 물건을 들였습니다.

디앤디를 열고 순식간에 3개월이 지나갔습니다. 그러나 손님은 한 명도 오지 않았습니다. 카페 손님조차 한 명도 없었습니다. 그러자 직원이 카페 테이블에서 보드게임을 하기 시작했습니다. 눈이 오면 눈싸움도 했지요. 그럴 정도로 아무도 오지 않았습니다.

그러던 어느 날, 잡지에 가게 이야기가 실린 것을 계기로 드디어 손님 4명이 처음으로 방문했습니다. 오로지 4명뿐이었지만, 친구나 지인이 아닌 '손님이라는 알지 못하는 사람'과 만났다는 사실에 가슴이 떨렸습니다. 그전에 아무도 오지 않았던 3개월이 있었기 때문이겠죠.

디자이너는 멋진 콘셉트concept를 가지고 물건을 만든다면 사람들이 몰려들고 물건이 팔릴 것이라고 생각합니다. 저 역시 마음속으로 그렇게 생각했던 적이 있습니다. 그러나 현실은 그렇게 녹록지 않았습니다.

어느 날, 상품을 배송하고 돌아와보니 우리 주차장에 낯선 자동차가 서 있었습니다. 가게에는 손님용 주차장이 따로 없었으니 자동차를 가지고 온 손님이 주차한 것이었겠죠. 당시 저는 '가게 주차장'이라고 쓰여 있는 것도 아닌데 자동차를 멋대로 세우다니. 뭐야, 보나마나 몰상식한 사람일 거야'라고 생각했습니다. 또 이런 일도 있었습니다. 친한 지인에게서 직원이 불친절하다는 항의를 받은 것입니다. 지인이라도 가게에서는 '손님'과 '점원'의 관계라는 사실을 그 일로 통감했습니다. 둘 사이에는 커다란 거리가 있습니다. 그날부터 '손님과 점원', '손님과 가게' 사이에 존재하는 거리를 생각해보았습니다. 장사란 그 거리일지도 모른다고 생각했습니다. 디자이너로 컴퓨터 앞에 계속 앉아만 있었으면 평생 생각조차 하지 않았을 것들입니다. '집과 가게', '손님과 손님' 그리고 '손님과 가게', '손님과 점원', 그 사이에 존재하는 것들을 따뜻한 관계로 만들면 가게와 손님 간의 벽을 허물 수 있을 것입니다. 하지만 그것만으로는 손님이 가게에서 구입한 물건을 소중하게 생각하도록 만들지 못합니다.

---

### '디자인에 관심 없던 사람'이 '디자인에 관심을 갖고 돌아가게' 하기 위해서.

---

원래 디자인에 관심이 있는 사람에게 디자인으로 유명한 물건을 파는 일은 무척 쉽습니다. 예를 들어 야나기 소리柳宗理가 디자인한 '스테인리스 주전자'는 디자인을 좋아하는 사람이라면 대부분

알고 있습니다. 그런데 그런 손님이라 하더라도 실은 그 주전자의 성능을 자세히 알지는 못합니다. 그저 야나기 소리의 멋진 디자인이 탐나서 주전자를 구입합니다.

옛날에 한 유명 디자이너는 "자신의 명성으로 물건을 팔아서는 안 된다"고 말했습니다. 상품에 디자이너의 이름을 붙여 판매하는 것은, 상품을 본래의 생활용품으로 대하지 않고, 디자이너의 명성이라는 가치를 담은 물건으로 전락시키는 일이므로 그리 바람직하지 않습니다.

분명히 말하지만, 예전의 디자이너와 지금의 디자이너는 물건을 대하는 태도가 다릅니다. 옛날에는 디자이너도 제품에 대한 여러 책임을 함께 지고 있었습니다. 또한 누구보다도 디자이너가 제품의 품질이나 사용 방식을 가장 잘 알고 있었습니다. 또한 그러한 디자이너가 만든 물건이라면 분명 볼 것도 없이 훌륭한 생활용품이라는 보증 같은 것이 있었습니다. 하지만 오늘날은 '좋은 물건 만들기 원칙'을 아무리 외쳐대도, 지나치게 까다로운 전문적 이야기로 받아들이고 '나는 디자인과 관계없다'고 생각하는 사람들이 넘쳐나서 진짜로 전하고 싶은 이야기를 전달하기가 매우 어렵습니다.

처음 디앤디를 설립하면서 '디앤디는 홈 센터를 멋지게 업그레이드한 것이라고 생각해주면 족해'라고 생각했습니다. 사람들이 "무언가 필요한 것이 있으며 그곳에 가봐"라고 이야기할 만한 곳, 가격 부담이 없고 적당히 골라도 디자인과 품질이 좋으며 제작자의 생각이 분명한 상품이 있는 가게, 사회문제를 눈에 띄지 않게 숨겨서 얼핏 보기에는 부드러운 분위기지만 알고 보면 사회에 도움이 되는 정말 '좋은 물건'을 산 것임을 깨달을 수 있는 장소, 그런 디앤디를 만들기 위해 여러 가지를 연구했습니다. 예를 들어 가게에 카페를 만드는 것이 그 하나였습니다. 사회문제나 전문적인 디자인 이야기를 하는 것보다 수다를 떨며 맛있는 것을 먹을 수 있는 장소에서 데이트를 하는 것이 더 즐거울 테니까요.

올바른 정신이 담긴 디자인 명품이라도 결국 디자이너의 이름이 맨 앞에 나가게 됩니다. 그러면 그다음부터 소비자는 디자이너의 이름에 기대어 물건을 사게 됩니다. 결국 그다지 훌륭하지 않으면서 그저 유명할 뿐인 디자이너의 제품과 정말 좋은 제품을 구별할 수 없게 됩니다.

'그곳에서라면 무엇을 사도 괜찮아'라는 신뢰를 쌓아가는 속도와 디앤디의 이름이 알려지는 속도가 균형을 이루는 것에도 신경이 쓰였습니다. 실체 없이 이름만 앞서는 것이 제일 두려웠기 때문입니다. 가게의 정식 명칭인 '디앤디파트먼트 프로젝트'에 굳이 '프로젝트'라는 말을 넣은 이유도, '디앤디가 아무리 마음에 들어도 아직 프로젝트 실험 중이니 무조건 믿기보다는 좋은 가게 만들기 실험 과정에 동참하는 것'이라고 생각해주기를 바랐기 때문입니다.

디앤디 가게에서 'd공부회'를 여는 것도 그 때문입니다. 제일 중요한 것은 '창업자 나가오카 겐메이나 디앤디의 직원도 모르는 것이 산처럼 많다. 하지만 알려고 열심히 노력하고 있다'는 태도로, 모두 함께 심오한 디자인의 세계에 흥미를 가져보자고 이야기하

는 것입니다.

전문적인 것일수록 겉만 그럴싸하게 수박 겉핥기식으로 끝내 버리는 경향이 있습니다. 업계의 전문 용어를 사용하면, 뭔가 잘난 척하는 기분이 들기도 하고 또 뭔가 어렵고 무섭게 들리기도 합니다. 그러나 그런 식의 공부는 의미가 없습니다. 디자인에 관심이 없는 사람들에게 좋은 디자인을 가르칠 수 있는 쉬운 공부, 디앤디는 그것을 목표로 삼았습니다.

---

**도쿄와 오사카에 직영점을 열었다. 일본의 주요 6개 도시에 가게를 내면 우리의 철학을 널리 퍼뜨릴 수 있을 거라 생각했다. 그러나 한편으로 이익 추구형 프랜차이즈와 다르지 않은 것 아닌가 하는 생각도 들었다.**

---

'디앤디는 하나의 프레젠테이션이어야 한다. 나가오카 겐메이의 개인 취향을 따르는 상점이 아니라 사회에 대한 문제의식을 '매장'의 형태로 제언하는 것이다. 그렇게 하려면 인구가 많은 대도시에 가게를 열지 않으면 안 된다'는 생각을 처음부터 계속해왔고, 또 그렇게 믿었습니다.

그래서 은행에서 큰돈을 빌려 세타가야 구 오쿠사와奧沢에 500평 공간을 얻었습니다. 그 무렵까지는 아직 본업인 디자인 일을 해서 수입을 얻고 있었습니다. 디자인 일로 돈을 벌어서 디앤디를 이상적인 공간으로 만들어나갔습니다. 처음에는 2호점을 뉴욕에 내기로 결정했는데 이유는 단순했습니다. 일본인은 외국에서 보내는 메시지에 강하게 반응하기 때문이었죠. 이를 위해 무리해서 추가로 자금을 조달했습니다. 하지만 가게 장소나 점장 결정 등 여러 문제가 발생해 뉴욕 지점은 실현되지 못했습니다. 유감스러운 일이었으나 그것을 계기로 우선 일본 안에서 디앤디를 제대로 만들기로 했습니다. 그리고 도쿄점을 연 2년 후인 2002년, 오사카에 2호점을 열었습니다.

도쿄점이 좋은 반응을 얻기 시작하면서 일주일에 한 건 정도로 이러저러한 법인 혹은 개인으로부터 자신의 지역에서 디앤디를 해보고 싶다는 요청을 받았습니다. 그러나 디앤디는 돈을 많이 벌기 위해 만든 가게가 아니고, 제공할 수 있는 노하우도 축적되어 있지 않은 상황이었기 때문에 절대로 다른 사람은 할 수 없는, 재현 불가능한 가게라는 판단에 모두 거절했습니다. 그러나 이처럼 외부의 주목을 받는다는 사실은, 우리가 하는 일이 '우리만의 세계를 만들면 그만'인 것이 아니라 사회적으로 영향을 미친다는 사실을 재인식하게 만들었습니다. 마침 2호점 개점으로 대출이 한도에 도달했기 때문에, 외부의 기대에 담긴 의미나 외부의 실제 반응을 깊이 생각해보는 시간을 가질 수 있었습니다. '이제부터는 전혀 모르는 지역의 사람들과 디앤디를 같이 해야겠다.' 왠지 모르겠으나 2호점을 만들고 나서 그런 생각이 들었습니다.

## 왜 디앤디를 만들고 싶던 걸까?
## 새삼스레 다시 생각해보기 시작했다.

전국에서 디앤디를 자신의 지역에서 운영해보고 싶다는 요청을 받아서 이 사람 저 사람과 많은 면담을 하던 시기가 있었습니다. 맨 처음 면담을 한 사람은 도쿄에 매장을 열고 싶어 한 분이었는데, 뭔지 모르게 멋있어 보이는 신업종에 흥미가 생겨서 해보고 싶다고 하더군요. 솔직히 말하면 저 역시 당시 디앤디에 대해 그와 비슷하게 생각하고 있었습니다. 도쿄점을 연 지 2년이나 지났지만, 우리 자신들조차 당시에는 디앤디가 '새로운 판매 스타일'을 보여주는 가게라고 인식했을 뿐이었죠.

그러나 외부의 제휴 요청에 대응하는 과정에서 지역점 운영 원칙에 관해 고민하게 되었습니다. 지역점 운영 원칙은 디앤디를 하고 싶어 하는 외부 사람들을 위해 고안한 것입니다. 원칙 자체는 가능한 한 간단하게 정하고, 그 후에는 각 지역마다 나름대로 해석하거나 적용하도록 만들었지요. 지금도 유지되고 있는 핵심 원칙은 '나가오카 겐메이가 고른 물건을 취급한다', '그 지역의 롱라이프 디자인 물건을 소개하고 판매한다', '카페를 함께 연다'의 세 가지입니다.

지금 되돌아보면, 지방에서 디앤디를 하고 싶다는 요청이 쇄도한 배경에는 또 다른 이유도 있었던 것 같습니다. 도쿄에서 내

려 보내는 프랜차이즈 상업 형태가 가진 한계가 그것이죠. 제아무리 화려하게 "도시에서 왔습니다!"라고 외치며 등장해봐야 기껏 3년을 넘기기 어렵습니다. 그렇게 개점과 폐점을 반복하는 상업 형태가 지방에 별 도움이 되지 않는다는 생각이 들기 시작한 것입니다.

소모전을 반복하기보다 조금이라도 지역 사람들을 위한 것을 하고 싶다는 마음과 더불어 홍보, 디자인, 상품 선정 등의 측면에서는 어느 정도 세상의 흐름에 맞추고 지역 사람들의 실질적 욕구에 화답하기 위해 도쿄의 스타일을 집어넣고 싶은 마음이 공존하는 것입니다. 자신들의 지역에 맞춰 어떤 때는 지역 우선, 어떤 때는 도쿄의 힘을 빌리고 싶은 마음이 드는 것일 테지요. 지역점 요청을 한 사람들은 디앤디의 가치관이나 지역점 운영 원칙을 통해 '디앤디라면 그런 것이 가능하지 않을까'라고 생각했을 것입니다.

디앤디는 'd공부회'는 물론 도쿄에서 기획하는 각종 순회 전시회나 이벤트 등을 지역점과 함께하면서 지역의 힘만으로는 하기 어려운 일들을 계속 추진했습니다. 이런 기획들은 문화적 자극이 부족한 지방에서 정기적으로 손님을 모으는 요소가 되었습니다. 또한 자신의 생각이나 느낌을 발언하고자 하는 지역점 대표에게는 '도쿄 본점'이라는 뿌리가 큰 의지가 되었을 것입니다.

디앤디 지역점의 가게 이름은 '디앤디파트먼트 프로젝트+지역명+지역 회사명'으로 구성됩니다. 예를 들어, 홋카이도北海島점의 이름은 '디앤디파트먼트 프로젝트 홋카이도 by 3KG'이고, 가고시마점은 '디앤디파트먼트 프로젝트 가고시마 by 마루야'입니다. 도쿄의 조직을 잘 활용하면서 동시에 해당 지역을 진화시킨다는 가치관을 이름이 잘 상징하고 있습니다.

---

### 도쿄의 '멋진 스타일'이 통하지 않던 오사카점. 재활용품의 매입 기준을 적용할 수 없어 고민하던 오사카점 만들기.

---

디앤디의 2호점인 오사카점은 단순히 도쿄점에서 쌓은 노하우로 쉽게 만든 것이 아닙니다. 오사카점은 해오던 디자이너 일을 완전히 그만두고 만든 가게로, 내가 발견한 '세 번 계속 이론'을 적용한 사례입니다. '세 번 계속 이론'이란 간단히 말해, 처음 할 때는 몰랐던 것을, 두 번째 해보고, 세 번째 한 번 더 해보면 분명히 알 수 있다는 이론입니다. 기업 브랜딩 일을 할 때도 이 이론을 잘 활용했습니다. 요컨대 1호점인 도쿄점을 성장시키는 일을 계속하면서 동시에 디앤디의 임무를 보다 명확히 하기 위해서 반드시 다른 곳에 2호점을, 그리고 3호점을 연속으로 낸 후 세 가게를 하나의 전체로서 파악해보는 것이었죠. 결과적으로 세 번째 가게인 홋카이도점까지 낸 후에 디앤디를 일본의 47도도부현에 만들겠다는 결심을 할 수 있었습니다. 그리고 그렇게 하기 위해 개선해야 할 점도 눈에 보이기 시작했습니다.

도쿄점을 연 2000년에는 별 의미 없이 가게를 전국적으로 확대시키고 싶다거나 각 주요 도시에 지점을 만들고 싶다는 성공 이미지에 사로잡혀 있었습니다. 2년 후 오사카점을 열 때에도 실은 '일본의 여러 지역으로 뻗어나가 활동을 해야 한다'는 커다란 임무가 우리에게 있다는 사실을 잘 깨닫지 못했습니다. 오사카점을 만들면서 힘들지 않았다면, 그 사실을 영영 알지 못했을지도 모릅니다.

오사카점을 만들 당시에는 디앤디의 중요한 가치나 요건들을 제대로 구축한 상태가 아니어서, 그것을 오사카점에 그대로 적용하기만 하면 되는 단계가 아니었습니다. 처음에는 기존의 디자인 가치, 즉 '멋진 스타일'에 집착한 채 도쿄의 스타일을 오사카점에 그대로 도입하려고 했습니다. 하지만 오사카점을 만들다 보니 도쿄 스타일이 통하지 않는다는 사실을 알게 되었습니다.

오사카점 3층에 만든 레스토랑에는 손님이 거의 오지 않았습니다. 이유가 무엇인지 여러 방면에서 따져보았는데, 가장 큰 이유는 '오사카 방식'에 맞지 않기 때문이었습니다. 오사카 사람들은 "알아먹기 어려운 건 못써"라고 자주 말합니다. 그런데 2년 정도를 그대로 버티자 레스토랑은 만석이 되었습니다. 이때 레스토랑을 찾아온 오사카 사람들은 "재미있는 녀석들(직원)이 있기 때문에 온다"고 했습니다. 사실 개점한 지 반년이 지나도 손님이 너무 없자, 3층 레스토랑은 포기하고 돈을 들여서라도 레스토랑을 1층으로 내리려는 계획을 세우기도 했습니다. 재미있는 녀석들이 있기 때문에 가게에 온다는 오사카 사람 특유의 기질이 발휘되기까지, 도쿄의 스타일이 충돌했던 첫 사례였습니다.

오사카 상권에 퍼져 있는 '멋진 물건'에 대한 기준은, 미디어가 만들어낸 도쿄의 그것과 많이 달랐습니다. 오사카에 진출하기 전까지는 도쿄의 스타일을 그대로 옮기면 된다고 생각했습니다. 오사카 개점 후 홋카이도에 지역점을 만들면서, 어찌 보면 당연한 이야기입니다만, 지역마다 일하는 방식, 사고방식, 가치관이 다르다는 것을 체험했고, 그 후로는 지역이나 지방에 대해서 매우 실제적으로 접근하게 되었습니다.

오사카점을 만들면서 가장 어려웠던 문제는, 오사카 지역의 재활용품점에서 물건을 매입할 때 준수해야 할 선정 기준을 만드는 것이었습니다. 유명한 제품은 매입 여부를 가리는 기준을 쉽게 만들 수 있지만, '이름은 없어도 좋은 물건'의 경우 직원들이 쉽게 판별할 수 있는 기준을 만드는 게 쉽지 않은 일이었지요. 그것은 말하자면 야나기 무네요시柳宗悅가 '민예운동'을 하면서 지역의 토착적인 생활 잡기의 '좋고 나쁨'을 가렸던 감정 행위와 다를 바 없는 것이었습니다. 시대가 변하여 '이름은 없어도 좋은 물건'을 발굴해내는 장소가 재활용품 가게가 되었습니다. 우리는 재활용품 시장 속에서 좋은 물건을 찾아냅니다.

결국 디앤디에서는 재활용품의 매입 기준을 세우는 대신 무엇을 하면 좋을지에 대한 근본적인 고민을 공부회를 통해 직원들과 공유해야 한다고 생각했습니다. 물건이 막강한 기세로 계속 생산되는 시대에는 자칫하면 유명 디자이너가 만든 제품이 자동적으로 '좋은 디자인'이 되어버립니다. '이름은 없어도 좋은 디자인'을 판별하는 일은 겉만 따르는 것이 아니라, '생각'을 따라야 하는 일입니다.

 오랫동안 생산되어온 제품들을 무작위로 선택해 공부회 주제로 삼고, 그 제품 생산과 연관된 사람들을 초대해 대담 형식으로 공부합니다. 처음에는 직원들을 위한 공부회였으나, 가게의 단골손님들을 한두 명씩 초대하다 보니 나중에는 일반 공개로 진행하게 되었습니다. 그와 동시에 저는 '블로그'를 만들어 본격적으로 글을 올리기 시작했습니다. 블로그는 도쿄점과 오사카점으로 나뉘어 멀리 떨어진 곳에서 일하는 직원들에게 내 생각을 전하기 위한 방법이었습니다.

---

### 지금까지 없었던 새로운 형태의 장소, 전하는 가게를 정착시키기 위해 의식적으로 한 일과 하지 않은 일.

---

디앤디에서 판매하는 물건은 다른 곳에서도 살 수 있는 것들입니다. 특별히 디앤디에서만 파는 물건은 없습니다. 이런 원칙을 고수하는 데에는 작은 이유가 있습니다. 우리는 '무엇을 파는가'라는 궁극적인 질문에 대해, 단순한 상품이 아니라 '제작자의 생각을 전하는 것'이라는 답을 찾았기 때문입니다. '생각을 전하고 돈을 받는다'는 것이 조금 이상하게 들릴지도 모릅니다. 하지만 다른 곳에서도 구할 수 있는 물건을 팔아서 먹고살기 위해서는 남다

른 노력을 해야 합니다. 가게에서 파는 물건과 물건 주변의 매력을 다른 어느 곳보다도 즐겁게, 또 도움이 되도록 손님들에게 제공할 수 있어야 합니다. 고객에게 상품을 '전하는' 수고조차 없이 '판매 가격 낮추기' 같은 방법으로 손쉽게 돈벌이만 추구하는 것은 아무 도움이 안 됩니다. 가격을 낮춘 할인 판매는 구입자에게만 작은 이득을 줄 뿐입니다. 제작자를 비롯하여 물건을 둘러싸고 있는 생태계에 염가 판매는 반드시 나쁜 영향을 미칩니다. 예를 들어, 의류 업계는 '신상품 발매 → 톱 시즌, 유행 → 할인 판매'의 순환 구조로 돌아가는데, 그 구조 안에서 결과적으로 옷의 본질이나 깊이가 사라지게 됩니다.

'만드는 사람', '파는 사람', '사는 사람' 모두가 행복해야 물건의 중요한 본질이 자라납니다. 생활인이라는 이유로 싼 물건만 찾고 다른 사람의 상황을 배려하지 않는다면 결과적으로 자신이 속한 지역과 국가가 빈약해집니다. 이러한 가치관을 보여주는 것이 중요합니다.

만약 디앤디가 오리지널 상품을 만들게 되더라도 디앤디에서만 구할 수 있는 물건으로 독점 판매를 하지는 않을 것입니다. 디앤디에서 현재 출판하고 있는 디자인과 여행을 주제로 한 잡지 «d 디자인 트래블d design travel»은 일본 전국 서점에서 판매하고 있는데, 이렇게 하려면 유통 비용이 크게 증가합니다. 그러니 오리지널 상품을 디앤디 외에 전국에서 판매하는 일은 유통 비용만 생각하더라도 간단한 일이 아닙니다. 하지만 디앤디의 지역점이 늘어나면, 지역 매장을 중심으로 판매함으로써 많은 사람들의 손에 전한다는 계획을 실현할 수 있습니다. 언젠가는 '생활용품'을 만들어 이를 실현해보고 싶습니다.

> **우리가 추진하는 '60비전' 사업의 방식이
> 47도도부현의 물건 생산 문제 해결에도
> 적합하겠다는 행정 관료의 말을 듣고,
> 47개의 일본 지역을 생각하기 시작했다.**

좋은 디자인을 취급하는 재활용품 가게로 시작한 디앤디는 '올바른 디자인의 생활용품'을 적극적으로 매입하고, 그것이 지닌 가치를 하나라도 더 많은 사람들에게 전달하기 위한 가게였습니다. 처음에는 고물상 허가를 받아 재활용품을 중심으로 상품을 갖추기는 했지만, 실은 우리 스스로도 '무엇이 올바른 디자인'인지를 명확하게 설명하지 못했습니다. 그래서 다른 여러 가지 전례를 끌어들여 개념을 구체화하였습니다.

그중 하나가 일본산업디자인진흥회가 운영하는 '굿 디자인상', 이른바 '지G마크'였습니다. 지마크 선정 기준 가운데 하나가 '롱 라이프 디자인', 즉 수십 년 동안 제조, 판매되고 생활 속에서 꾸준히 지지를 받아온 디자인이고, 따라서 지마크를 받은 디자인이라면 '좋은 디자인'의 요건을 갖춘 거라고 볼 수 있었죠. 또 다른 한 가지는 중고 시장이나 전국의 재활용품점들을 순례해보면 그래

픽 디자이너인 내가 보아도 아름답고 유행을 타지 않는 가구나 그릇이 존재한다는 사실이었습니다. 그래서 지마크의 롱 라이프 디자인상에 빛나는 물건을 취급함과 동시에 다른 일을 하나 더 계획했습니다. 그것이 바로 '60비전VISION'입니다.

중고 시장에서 찾아낸, 형태가 아름다운 가구나 그릇들은 알고 보면 대개 1960년대에 제조한 것이었습니다. 1960년대는 세계적으로 굿 디자인 운동이 일어났던 시기로, 제2차 세계대전 후 재건과 부흥이 일단락되고, 견실한 디자인으로 생활을 풍성하게 만들고자 했던 시대였습니다. 물건을 단순히 양산하거나 유행시키는 것만이 아닌 제조업자도, 소비자도, 또 굿 디자인 운동을 장려하던 국가도 '좋은 디자인'에 대한 의식을 가지고 있었던 시기입니다. 그러한 시대적 배경에 대한 이해를 바탕으로 이미 생산이 중단된 1960년대의 가구나 그릇들을 재활용품으로 판매하는 동시에, 그것들을 원 제조사에서 복원, 생산하여 창업 때의 초심으로 되돌아 가보자는 의미를 담은 브랜드를 기획한 것입니다. '60비전'이라는 이름으로 12개 사가 참여하는 브랜드 사업이 이렇게 시작되었습니다.

2007년 어느 날, 미에三重 현의 행정 관료로부터 강연을 의뢰받았습니다. "'60비전'은 기업의 원점과 기업다움을 되돌아보면서 소비자에게 제품을 제공하는 방식으로 확대되고 있는데, 지금 47도도부현의 지역 산업도 원점을 재인식하고 지역다움을 재확인하지 않으면 안 되는 상황이다. '60비전'의 사업 경험을 지역 산업에 맞춰 강연해줄 수 없겠는가"라는 뜻을 전해온 것이지요. 그리하여 '일본 비전'이라는 임시 이름을 붙인 강연을 하게 되었는데, 그 준비를 하는 동안 지역 산업이 매우 중요하다는 사실을 깨달았습니다.

미에 현 강연을 계기로 여러 지역에서 강연 의뢰를 받았습니다. 그러나 아무리 단상에서 열변을 토해도 그것은 저의 근거지인 도쿄를 위한 개념에 지나지 않다는 것을 느낄 수 있었습니다. 지방의 행정 관료들은, 도시에서 디자이너 등을 불러 이야기를 들으면 지역 산업 활성화에 조금이라도 보탬이 될 것이라고 생각하고 강연회를 준비합니다. 하지만 그러한 강연이 계속된다 한들 일시적인 자극에 그칠 뿐, 실제로는 큰 변화가 일어나지 않습니다.

어떤 지방 도시에서 강연을 마치고 단상에서 내려오는데 사회자가 다음번 강연을 소개하는 소리가 들렸습니다. 그 순간 강연이라는 것이 모두 공허하다는 생각이 들었습니다. 결국 나는 그 지역과 아무 상관 없는 사람입니다. 단상에서 열심히 내 생각을 전해도, 지역 사람들은 내가 실제 문제를 해결할 수 없을 것이라고 생각하는 것 같았습니다. 지역 산업이 안고 있는 문제를 실제로 해결하기 위해서는, 그야말로 일본의 47도도부현에 제작자의 생각을 전하는 장소인 디앤디를 하나씩 만들어 지역 제작자와 함께 문제를 해결해야 한다는 생각이 강하게 들었습니다.

전통 공예나 지역 산업으로 유명한 대다수 지역의 현지 생산 환경은 매우 열악합니다. 그 열악함 때문에 후계자가 들어오지 않고, 지역의 젊은이들은 도시로 떠나버립니다. 만약 아름다운 자연과 전통 공예의 역사를 간직한 지역 안에 도시적 감각의 모임방이 있다면, 그리고 그것이 47도도부현에 생겨서 전국적인 교류가 가능하고 단기 혹은 중기의 연대를 맺을 수 있다면, 아마도 제작자들이 자신의 고향에 머물며 지역을 젊고 생기 있게 변화시킬 수 있을 것입니다. 적절한 도시의 자극과 감성을 지닌 공간, 장인 정신의 긴장감이 살아 있으면서도 딱딱하지 않고 친근한 공간, 카페가 있어 교류가 일어나는 공간 말입니다.

행정 관료의 강연 의뢰를 계기로 일본 47도도부현에 디앤디를 만들면 좋겠다는 생각이 마음속 깊이 자리했습니다.

## 공예품 구매상, 히노 아키코 씨에게서 일본의 장인 정신을 배우다.

공예품 구매상 히노 아키코日野明子 씨를 처음 만난 것은 미에 현의 강연장에서였습니다. 그는 우리와 완전히 다른 세계의 사람이었습니다. 우리가 플라스틱 제품이나 최신 테크놀로지로 대량생산된 제품 디자인을 다룬다면, 히노 씨가 취급하는 디자인은 한 점 한 점 수작업으로 제작한 칠기나 도자기 같은 공예품이었습니다. 그러나 히노 씨도 예전에 큰 백화점의 구매상으로 일했기 때문에 우리와 같은 문제의식을 공유했고, 그래서 관심이 생겼습니다.

하지만 히노 씨가 취급하는 것이 수공예품이라고 해도, 단지 재료가 플라스틱이나 금속에서 흙이나 옻칠로 바뀌었을 뿐, '유행

시즌을 의식한 백화점의 주문' 혹은 '도시 트렌드에 맞춘 주문' 등에 얽매여 있는 것은 아닐까 하는 의구심이 들었습니다. 그래서 히노 씨의 제작자 방문 지방 출장에 가능한 한 동행시켜달라고 요청했습니다.

히노 씨를 만나 아주 많은 것을 배웠습니다. 예를 들어, 히노 씨는 자신의 일을 '1인 도매상'이라고 정의합니다. 그 말에는 '자신의 책임 범위', '전하고 싶은 것을 전하는 장사의 범위'를 중요하게 생각한다는 의미가 담겨 있습니다. 대량생산된 제품 디자인의 세계에서는 좀처럼 하기 어려운 생각이지만, 가까운 미래에 반드시 소량생산 자동차나 가전제품이 등장할 것입니다. 그렇게 '디자인'의 의미나 범위가 변하면, 히노 씨가 해온 방식이 중요한 모델이 될 것입니다.

또한 제작자에 대한 취재 의뢰가 들어오면 히노 씨는 취재 횟수나 언론 매체의 질을 고려할 뿐, 자기 자신은 그다지 나서지 않습니다. 어디까지나 주역은 제작자입니다. 하지만 제작자도 과도한 조명을 받는 일은 될 수 있는 한 피합니다. 그러지 않으면 공산품의 세계에서 일어나는 '트렌드, 유행'이 발생하게 되고, 그러면 한때 잘나가도 붐이 지나면 팔리지 않기 때문이죠. 무엇보다도 히노 씨가 언론에 예민하게 반응하는 바탕에는 수공예가 '오래 지속되게' 하려는 강한 의지가 깔려 있었습니다. 좋은 물건을 계속 만들고 또 계속 파는 일은 무척 어렵습니다. 하지만 히노 씨는 일본의 공예 산지에서 그만의 스타일로 제작과 판매를 지속하고 있었습니다.

처음에는 많이 파는 것 혹은 많은 주문을 받는 것이 제작자들에게 가장 기쁜 일이고, 유명 잡지에 게재되는 것도 좋은 일이기만 할 것이라고 생각했습니다. 그러나 히노 씨를 통해 한꺼번에 대량으로 파는 것보다도 오랫동안 정기적으로 계속 파는 편이 제작자 그리고 산지에 더 유익한 일임을 배웠습니다. 그곳은 다음달까지 100개를 만들어달라는 주문보다 매월 10개씩 계속 주문하는 편이 더 좋은 세계였습니다.

**쇄도하는 지역점 요청에 대응하는 과정에서, 디앤디의 운영 방식이 다점포로 전개하기에 문제가 많다는 것을 깨달았다. 지역점은 디앤디의 운영 방식을 정리하는 기회가 되었다.**

시공업자의 힘을 빌리지 않고 스스로 벽에 페인트칠을 해가며 손수 만든 도쿄점. 그리고 2년 후인 2002년, 도쿄에서 멀리 떨어진 장소에서 우리가 생각해온 개념을 실현해보자는 생각을 가지고 무리해서 만든 오사카점. 이 두 가게는 우리의 상상을 훨씬 뛰어넘는 반향을 일으켰습니다. 카페, 재활용, 레노베이션 등이 붐을 이루는 시기였고, 우리 가게가 그와 같은 말들을 망라하고 있는 것 같은 모양새여서 더 반향이 컸다고 생각합니다. 일본 전국 각지는 물론 한국 등에서도 제휴나 출점 문의가 다수 들어왔습니다.

도쿄점의 재현으로 실험처럼 진행된 오사카점 개점 과정에서, 우리에게는 콘셉트 측면에서도, 장사의 측면에서도 다점포 전개를 위한 노하우랄까, 사업의 방식이랄까, 요컨대 '이렇게 하면 수익을 낼 수 있다'는 구조가 없음을 새삼스럽게 깨달았습니다.

다른 한편으로 자금을 모두 써버렸고 더 이상 대출을 받기도 어려워, '세 번 계속 이론'을 실천하기 위한 3호점을 우리 힘만으로는 만들 수 없는 형편이었습니다. 47도도부현에 하나씩 디앤디를 열고 싶지만 전국의 모든 가게를 자력으로 만들 수는 없는 거였죠. 상황을 냉정하게 판단해서—실은 원치 않았지만—투자와 수익에 대한 고민, 도쿄 본부에서 제공할 수 있는 일과 상품의 정리, 매뉴얼 만들기 등을 해야 한다는 생각이 머리를 스쳤습니다. 애초에 돈벌이로 시작한 가게가 아니라는 사실과 47도도부현에 47개의 지역점을 경영하는 사업이라는 사실 간의 모순, 요컨대 처음부터 몰랐다고는 할 수 없는 현실에 직면한 것이지요. 어떻게 해야 할지를 고민하고 있을 때, 현재 '디앤디파트먼트 홋카이도 by 3KG(이하 디앤디 홋카이도北海道점)'의 대표, 사사키 신佐佐木信 씨를 만났습니다.

사사키 씨는 삿포로에서 '3KG'라는 웹 디자인, 그래픽 디자인, 영상 제작 등의 일을 하는 디자인 회사의 대표로 당시 33세였습니다. 디자인 분야의 동종 업계 사람이라는 생각에, 나의 현실적인 고민을 마음 터놓고 이야기했습니다. 사사키 씨는 디앤디가 재미있는 가게라고 생각한다면서 디자이너의 감으로 보건대 감각적으로 좋은 일을 하면 감각이 좋은 사람들이 모일 것으로 믿는다고 말했습니다. 런던에서 시작된 국제 영상 전시회인 <원닷제로 Onedotzero> 등을 사사키 씨 자력으로 삿포로에서 개최하면서도 같은 감이 있었다고 합니다. 말하자면, 자신과 같은 감각을 가진 사람들이 무엇을 원하는지, 어디에 돈을 지불할지, 어떤 기획을 하면 가게에 모여들지가 보인다는 것이었습니다.

외부인이 가게 대표를 맡은 지역점인 디앤디 홋카이도점을 시작할 즈음, 사사키 씨는 매우 특별한 사례가 되었습니다. 그와 길게 대화를 나누는 가운데 '디자인에 대한 공통의 감각과 이해'를 지역점 대표가 공유해야만 디앤디의 지역점을 할 수 있을 것 같다는 생각도 들었습니다.

수차례 삿포로를 방문하고 가게 후보지들을 돌아다니면서, 사사키 씨를 통해 디앤디 지역점이 어떠해야 하는지를 정리할 수 있었습니다. 디앤디를 지역에 만들고, 예전부터 지역에서 지속되어 온 일이나 물건을 젊은이들에게 소개하거나 판매하는 일은 단순히 멋지게 디자인된 공간만으로 충분한 일이 아닙니다. 20~30대가 흔히 사용하는 물건이나 그 세대의 감각이 없어서 소통이 불가능하다면, 그들은 절대 흥미를 보이지 않을 것입니다. 홍보 전단지나 웹 디자인, 영상물, 진열대의 상품 소개 카드에 이르기까지 모든 것이 일정 수준 이상이어야 합니다. 또한 감각이 나날이 진화하는 그들에게 체인 브랜드의 형식화된 방식은 지루하게 느껴질 것입니다. 디앤디 홋카이도점 개점을 목표로 이 시기에 많은 고민을 해서 디앤디의 운영 방식과 존재 의의를 정리할 수 있었습니다.

디앤디는 대대로 이어 내려온 지역의 우수한 특성을 최신의

EPARTMENT PROJECT SAPPORO by 3KG

감각으로 번역해서 전하는 장소입니다. 지역점에 대한 최소한의 원칙은 크게 다음의 세 가지입니다.

1. 본부가 선택한 롱 라이프 디자인 상품을 판매하는 것
2. 해당 지역에서 오랫동안 지속되어온 일과 물건을 꾸준히 소개하고 판매하며 워크숍 같은 모임을 만들어 교류의 장이 되는 것
3. 먹고 마실 수 있는 공간을 만드는 것

이 세 가지 원칙을 지키는 것 이외에는 독자적인 방식으로 지역다운 가게를 만들어갑니다. 본부의 지원 사항은, 지역점의 장소 선정이나 가게 구성에 대한 조언, 재활용품의 매입 노하우, 점장 연수 등 가게를 처음 낼 때 필요한 전반적인 사항, 그리고 가게를 내고 나서는 모든 디앤디 가게들이 공통으로 운용하는 웹 사이트 유지와 홍보 활동, 공유 자료의 제공, 이벤트나 전시회의 순회 활동 등입니다. 솔직히 말해서 편의점처럼 규모가 큰 프랜차이즈 사업에 비하면, 디앤디의 도쿄 본부가 지역점에 지원할 수 있는 것은 많지 않습니다. 지원 사항뿐 아니라 본부가 애써 만든 '디앤디파트먼트 프로젝트'라는 브랜드의 로열티를 받는 일과 같이 본부와 지역점 간에 돈이 오가는 현실적인 일도 있습니다. 더구나 '이렇게만 한다면 최소한의 수익을 낼 수 있다'는 보증도 없습니다.

이러한 조건에도 불구하고, 사사키 씨는 디앤디 홋카이도점을 여는 일에 쉬지 않고 달려들어 열 군데 이상의 장소를 둘러보고

3층 건물을 통째로 빌리기로 했습니다. 사사키 씨도 저도 전혀 예상치 못한 큰 규모의 건물이었습니다.

사사키 씨의 디자인 회사 3KG가 2층의 일부를 사용하고, 3층은 가게가 궤도에 오를 때까지 창고로 사용하기로 하여 내부 수리를 할 필요가 없었습니다. 1층의 반과 2층의 나머지 공간을 디앤디 홋카이도점의 매장으로 사용하고, 남은 1층의 절반 공간에 카페를 들였습니다. 사사키 씨의 동료들과 친하고 나이도 비슷한, 카페를 운영하던 여사장을 설득하여 카페 공간에 세를 들인 것입니다. 그리하여 드디어 2007년 11월 제1호 지역점으로서 '디앤디 홋카이도점'이 탄생하게 되었습니다.

간신히 형태를 갖추고 시작한 디앤디 홋카이도점. 도쿄 본부에서 장기 출장 나간 직원은 최초의 지역점에 계속 붙어 있어야 했습니다. 모든 디앤디 지역점이 공통으로 사용하는 공업용 회색 철제 선반을 기본으로 가리모쿠의 소파 등 '60비전'의 상품, 롱 라이프 디자인 문구용품들을 예쁘게 진열했습니다. 지역점 공통의 상품 설명 카드도 만들어 붙였습니다. 홋카이도를 자동차로 돌며 구입한 중고 가구는 홋카이도점 직원과 함께 수리해서 매장에 놓았습니다. 진열한 중고 가구가 팔리면 폐점 후에 상품 배치를 바꿔야 합니다. 바코드를 이용하여 판매 관리를 데이터화하는 POS 등록기를 놓을지 말지, 만약 고가의 POS 등록기를 도입하지 않는다면 매일매일의 판매 결과를 어떻게 관리할지, 홋카이도점 매장을 찾아온 손님이 본부가 운영하는 디앤디 웹 스토어의 물건을 구입하면 어떻게 처리해야 할지, 세입자로 들어온 카페와 영업시간이나 휴일 등을 어떻게 조율할지 등 사사키 씨도 우리도 여러 가지 문제를 결정해야만 했습니다.

게다가 사사키 씨는 디자인 회사의 경영, 즉 디자이너 일도 계속해야 했습니다. 낮에는 가게 직원으로 매장에서 일하다가 밤에는 디자이너로서 사무실에서 일했습니다. 중고 가구가 다 팔리면 가게 휴일에 재활용품을 사러 나가야 했고요. 정기적으로 대담회나 워크숍을 기획하고, 그 준비를 위해 사내·외의 관계자들과 협의하고, 본부의 웹 사이트에 홋카이도점의 이벤트 정보를 올리고, 홍보 전단지를 만들어 매장에 비치하고, 참가자를 모집하는 일도 해야 했습니다. 뿐만 아니라 이벤트 당일에는 마이크 등의 기자재 배치부터 참가자 인원수에 맞춰 의자를 준비하고 끝난 후의 정리 정돈까지….

디앤디가 목표하는, 제작자의 생각을 전하고 올바른 제조 정신 전하는 가게로서 본격적인 활동을 하기에 앞서 일반적인 생활 잡화점이자 음식점으로서 확실하게 자리를 잡아야 합니다. 그러한 측면에서 소매점 경영의 경험이 있다면 손님에 대한 서비스를 보다 능숙하게 제공할 수 있을 것입니다. 하지만 대담회나 지역 전통에 관해 공부하는 모임 등을 기획하다 보면 외부 전문가와 협의를 통해 지역 사람들이 어떤 내용을 좋아할지, 디앤디라는 장치를 활용해 새롭게 전하는 방법을 어떻게 공부하면 좋을지 같은 문제에 직면하게 됩니다.

오랫동안 물건을 만들어온 사람들은 대부분 말수가 적고 완고한 편입니다. 적극적으로 요청하지 않는다면, 본인의 작업장이 아닌 다른 장소에서 자신의 이야기를 잘 하지 않습니다. 더구나 평소에 별로 만날 일이 없는 젊은이들 앞에서 제작 실연을 해달라는 의뢰는 열정을 가득 실어 요청하지 않으면 성사되기 어렵습니다.

디앤디는 그저 물건을 파는 곳이 아닙니다. 디앤디에서 상품이란 팔리는 물건이라기보다 '팔고 싶은 물건'입니다. 그렇기 때문에 디앤디 상품 중에는 매력을 전달하기 어려운, 즉 '팔기 어려운 물건'도 있습니다. 그러나 본부에서는 판매 실적이 좋지 않아도 특정 지역에서는 개성이 돋보이는 상품이 되기도 합니다. 이런 물건이 매장에 놓인 상품의 약 3분의 1을 차지하지요.

자신의 생각을 전하는 디앤디를 계속해나가기 위해서는 하여간 매일매일 새롭고 유연한 발상으로 대응해야 합니다.

## 디앤디는 다른 지역에 있는 동료와 고민을 공유하는 네트워크.

디앤디를 한다는 것은 '지역의 개성을 디자인 감각을 사용해 알기 쉽게 전하는 것'입니다. 미래에는 47도도부현에 하나씩 문을 연 디앤디가 각각 이러한 주제에 대해 생각하게 되겠지요.

가게의 장소나 크기도 제각각일 테고, 주어진 여건이나 고민도 다양할 것입니다. 자신이 자란 고향의 개성, 지역다움이 무엇일지, 그것을 표현한 전통 공예나 축제, 새로운 운동을 어떻게 전시하고 관광객에게 안내할지, 어떤 것을 건네고, 어떤 것을 어떻게 전시할지, 누구를 초청해 어떤 강연을 마련해야 할지 등 고민이 많을 것입니다. 그러다 보면 같은 문제를 붙들고 씨름하고 있을 다른 지방의 디앤디가 걱정되기 시작하겠죠. 그러면 서로 연락을 취하고 정보를 교환할 것입니다.

지역점이라고 해도 하나하나 완벽한 매뉴얼이 있을 리 없기 때문에 디앤디를 운영하는 사람이 다른 지역에도 존재한다는 사실은 매우 중요합니다. 그렇다고 다른 지역의 성공 사례를 마냥 모방하는 것이 아니라 가치관을 공유하면서 자신의 지역에 맞춰 각각 전개해나가는 것이지요. 다른 디앤디와 연관관계를 통해 공부하는 법을 알게 되고, 그렇게 배우다 보면 스스로 만들어나갈 수 있게 됩니다.

디앤디는 도쿄에서 시작된 동일한 체인점이 아니라, 같은 디앤디를 운영하는 전국의 사람들이 함께 만드는 '지역의 개성을 생각하는 사람들의 네트워크'입니다.

처음에는 도쿄 본부가 기획한 이벤트나 판매 코너를 지역점 순회 방식으로 재현하면서 손님을 모으는 일을 비롯해 많은 것을 배울 수 있습니다. 그러다가 차츰 기획이나 홍보, 영업 방법 등을 알아가게 됩니다. 그러고 나서 독자적인 기획전을 구상하거나 지역에 보다 깊이 관여하는 단계로 접어드는, 그러한 시스템입니다.

059

제1부 나가오카 겐메이가 생각하는 전하는 가게 디앤디파트먼트

## 최종적으로는 디앤디를 중심으로 지역의 개성이나 물건 제작을 육성하는 커뮤니티를 만들고 싶다.

사실 지역점을 만드는 일에 두 번 실패한 경험이 있습니다. 성공하지 못한 이유가 몇 가지 있지만, 두 경우의 가장 큰 공통점은 디앤디를 운영하면서 그것과 별개로 다른 활동을 했다는 점입니다. 이미 디앤디와 유사한 활동을 하고 있으니 디앤디도 덧붙여 하면 좋겠다고 생각하는 회사나 사람들이 있습니다. 이미 상품 판매도 잘하고 있고, 지역 사람들에게 사랑도 받고 있고, 연사를 초청해 공부회 같은 시간을 갖기도 하는 단체들입니다. 그런데 새삼스럽게 디앤디를 한다고 합니다. 달리 말하면, 디앤디로 전환하는 것이죠. 이런 경우 운영 방침이 서로 달라서 결국 지역점 계약을 취소하게 됩니다.

한편 디앤디 개점을 계기로 무언가 새로운 생각이 떠올라 다른 이름을 내걸고 비슷한 활동을 하는 경우도 있었습니다. 이럴 경우, 디앤디에 들어온 의뢰를 자신의 다른 회사에서 수주하는 등의 문제가 발생하면 어떻게 규제해야 할지가 명확치 않아 협의하에 역시 지역점 계약을 취소했습니다.

일반적인 프랜차이즈 체인점을 운영했던 사람들에게는 우리 도쿄 본사가 의지할 수 없는 존재 같은 느낌을 줍니다. 프랜차이즈는 각 체인점 사장에게 명확한 투자액을 제시하고, 브랜드를 빌려주고, 일정 기간 수익을 내는 노하우를 알려주고, 원재료와 상품 등을 제공해주는 시스템입니다. 대신 체인점 사장은 매월 매상에서 사전에 결정된 비율만큼의 금액을 브랜드 사용료와 노하우 제공료로 본사에 지불합니다. 우리에게도 운영 노하우나 '이렇게 하면 이만큼의 이문을 남긴다'는 식의 데이터가 없는 것은 아닙니다. 하지만 그것을 전면에 내세우지 않습니다. '이 사업을 하면 수지맞는다'는 식의 보장을 하면서까지 전국에 디앤디를 확장해야겠다는 마음은 물론 앞으로도 없을 것입니다.

이는 디앤디를 47도도부현에 만드는 것보다, 디앤디 지역점이 지역의 중심이 되어 지역 사람들과 지역 제작자의 개성을 육성하는 일에 더 가치를 두기 때문입니다. 지역 산업으로 생산된 산물을 판매하거나, 지역의 오리지널 상품을 개발하거나, 이벤트를 탄탄하게 기획하고 전국적으로 알린다거나, 언론 취재에 분명하게 대답할 수 있는, 그런 노하우를 가지고 있다면 디앤디가 아니라 자신의 이름을 내걸고 가게를 해도 좋을 것입니다.

디앤디를 한다는 것은, 현재 그러한 방법을 잘 모르기 때문에 디앤디의 일원이 되어 자신의 지역을 활성화하고 싶다는 마음에서 출발합니다. 물론 궁극적으로는 본부와 지역점 간의 로열티도 없어지는 것이 바람직합니다.

맨 처음에는 오사카를 비롯한 다른 지방의 지역점도 도쿄점과 똑같이 만드는 것이 좋을 것이라고 생각했습니다. 왜냐하면 도쿄에서 실행하는 방법을 지방에 도입한다는 사실 자체가 최상의 효과를 낼 것이라고 생각했기 때문입니다. 그러나 그것은 커다란 착각이었습니다.

도쿄는 수많은 언론과 전문가들의 보호를 받는 곳입니다. 문화인과 지식인이 많은 것은 물론 정치의 중심이기도 합니다. 세계와의 경쟁 원리를 익힌 도쿄는 일본의 중심, 성공의 열쇠를 독점하는 도시입니다. 따라서 이런 도쿄의 특성을 이용하는 것이 나쁘지 않다고 생각했던 것이죠. 극단적으로 말하자면 생계가 어려운 사람이라면 도쿄로 상경하는 것이 나쁘지 않고, 무언가 전하기 위해서라면 상경해서 활동하는 것도 좋은 방법이라고 생각했습니다.

그러나 중요한 것은 도쿄의 시스템과 사고방식을 이용해서 각 지역의 매력을 지속적으로 끌어내는 시스템을 어떻게 만들 것이냐 하는 점입니다. 이는 지방을 도쿄화하자는 것이 아닙니다. 도쿄의 감각으로 지방의 개성을 정리하자는 것입니다. 결국 우리가 디앤디를 통해 제공하는 것은 도시형 홍보력, 웹 사이트 등의 관리 감각, 마케팅 분석을 통한 지역다운 상품 개발과 판매 협조입니다. 그리고 주요 판매 대상인 20~30대가 멋지다고 생각하는 것을 매입하는 감각을 제공합니다.

우리가 2000년대에 만든 도쿄점이나 오사카점과는 다른 식으로 각 지역의 디앤디 지역점을 만들고 싶습니다. '스타벅스 커피'처럼 규모가 큰 체인점에서도 이미 이런 변화를 선보이고 있습니다. 대도시에서 시작된 똑같은 얼굴을 지역에 퍼뜨리면서 도시의 물건을 지방에 옮겨놓는다는 개념이 아닌, 지역의 개성과 연관된 '가게 만들기'가 시작된 것입니다.

## 지역이나 생산지의 중심이 되는 전하는 가게.

어느 지방의 전통 공예가들에게 도쿄의 유명 디자이너가 상품의 방향성부터 스타일에 이르기까지 여러 가지를 지도해주는 기회가 마련된 적이 있었습니다. 도쿄에 사는 나는 물론 대다수 디자인 관계자들은 참 잘한 일이라고 박수를 쳤지요. 다수의 신문과 잡지에 실린 일회성의 화려한 결과물만 보고 그렇게 판단했던 것입니다. 그러나 실제로 그 지역에 가서 당사자인 제작자와 이야기를 나눠보니 그들의 현실은 상상할 수 없을 만큼 냉혹했습니다.

한 번이긴 했어도 화려한 결과 덕분에 그 전통 공예를 이어받을 젊은이들이 생겼다고 합니다. 그러나 다음 세대 지도자가 될 그들도 실은 먹고살기 위해 혹독한 여건에서 많은 일을 해야 하기에 너무 바빠서 함께 모이는 일이 좀처럼 없다고 들었습니다. 그 지방뿐 아니라 일본 전국적으로 유사한 일이 발생하고 있습니다. 그나마 디자이너 협력 프로젝트를 할 수 있는 것은 국가나 지자체의 단기적 지원금 덕분입니다. 그러나 필요할 때나 필요한 사람에게는 좀처럼 지원금이 나오지 않다가, 느닷없이 운 좋게 뚝 떨어진 것 같은 지원금은 오히려 사용할 길이 막막해 난처하게 만들거나 혹은 제작자들을 이간질시키기도 합니다. 최악의 경우로 지원금 욕심 때문에 필요 없는 상품을 일부러 만든다거나, 팔고 남은 제품에 색을 바꿔 칠하는 등의 일이 벌어진다고 합니다. 지방을 돌면서 들은 제작자의 이 같은 이야기가 귀에 꽂혔습니다. 그만큼 물건을 만드는 현장에는 먹고살기 위한 현실과 전통 계승에 대한 초조함이 뒤섞여 있고, 무엇이든 어떻게든 해보고 싶은 사람들이 있습니다.

그러나 그 중심에 있는 젊은 제작자들이 모일 장소가 없습니다. 장소는 선술집이든 카페든 상관없습니다. '모이기 쉬운 여건'이 만들어지기만 하면 됩니다. 예를 들어, 영업시간이나 메뉴의 구성, 인테리어, 가게 주인과 손님의 친밀도, 가게에 자주 오가는 사람들의 편안함 등이 여건을 구성합니다. 젊은 제작자들만 모인다면 그다지 의미가 없습니다. 여러 등장인물이 필요합니다. 담당 행정 관료, 학교 선생님, 이따금 오는 도쿄의 유명 인사, 신문이나 잡지의 기자, 크리에이터, 학생, 지방 기업의 사장 등이 등장인물이 될 수 있습니다. 그렇게 여러 종류의 사람들을 불러들이는 장소가 지역에 있는 것과 없는 것은 지역 산업 향방에 큰 영향을 줍니다.

좋은 생산지에는 반드시 그러한 장소가 있습니다. 언제든 가면 누군가를 만날 수 있는 곳, 왠지 모르게 모두가 생산지에 대한 하나의 이상적 이미지를 공유하게 되는 곳입니다. 그곳에서 만나는 사람들 개개인은 입장에 따라 의견이 다를 수 있지만, '이렇게 된다면 정말 좋겠다'는 큰 바람은 서로 같습니다. 그 같은 분위기는 그 장소의 주인이 만드는 것입니다. 맛있는 음식과 자유로운 교류를 제공하고, 지역 밖에도 친분 있는 사람들이 많아서 외부 인사도 불러들일 수 있는 인물이어야 합니다.

디앤디는 제작자들이 모일 수 있는 장소, 함께 이상을 공유할 수 있는 장소가 되고 싶습니다. 거기에는 무엇보다 '그 장소에 붙박이로 있겠다는 생각을 가진 핵심 인물'이 필요합니다. 사리사욕을 부리지 않고, 열심히 일하는 사람의 부탁이라면 무엇이든 귀 기울이고, 쓸데없는 참견을 한다고 할 정도로 다른 사람들을 보살펴주는 그 지역의 사람이 필요한 것입니다.

전통 공예나 지역 산업의 생산지에는 대부분 생산 조합 같은 것이 있습니다. 그러한 조합이나 도매상이 만드는 보이지 않는 역학관계가 한가로운 생산지 마을을 지배합니다. 지배라는 표현은 너무 극단적일지 모릅니다. 하지만 전통 공예 일을 하고 있는 2대째의 젊은 작가가 자신의 웹 사이트를 열고 인터넷 판매를 시작하자 마을에서 '왕따'가 되었다는 이야기를 들은 적이 있습니다. 물론 외부인이 지나치게 참견하는 것일지도 모릅니다. 그러나 그 젊은 작가의 공예품이 매우 독특하고 훌륭한데도 불구하고, 환경이 그의 성장을 가로막고 있다면 누가 보아도 바람직한 상황이 아닙니다. 도매상이나 조합의 힘이 강하면 때로 가능성의 싹을 밟아버리게 됩니다. 이러한 경우에 만약 지역 커뮤니티를 조용히 돕는 장이 있다면 갈등을 중화시키는 역할을 할 수 있을 것입니다. 이것이 바로, 이미 생각이 굳어버린 사람들이 아닌 다양한 이들이 출입하는 장소가 가진 장점입니다.

**지역에 대해, 혹은 어쩔 수 없이 사라져버린
지역의 개성에 대해 알고 싶은 것이 많아서 열심히
움직이는 사람이라야 디앤디를 함께 만들 수 있다.**

지역에 대한 발언권을 지닌 '전하는 가게'는 그저 단순한 가게가 아닙니다. 기본적으로 지역에 대한 문제의식을 지닌 핵심 인물이 있고, 이곳에 사람들이 모여든 상태여야 분명한 발언권이 있는 장소라고 할 수 있습니다. 디앤디를 하려는 사람들은, 지역이나 물건 만들기에 대해 높은 의식을 갖추고 있기는 하지만 자신의 힘만으로는 좀처럼 이런 멋진 장소를 만들기 힘들기에 디앤디를 시작합니다.

개점 후에는 전국의 디앤디 대표들과 의견을 교환하고, 궁극적으로 자신의 지역을 보다 멋지게 만들고자 노력해야 합니다. 그러한 사람이 아니라면 우리도 관계를 지속할 수 없습니다. 지역점이라 해도 본부의 매뉴얼이나 지시에 기대기만 해서는 운영이 어렵습니다. 자주적으로 움직여야 한다고 생각지 않으면 '전하는 가게'를 할 수 없습니다. 그런 가운데 장사에도 주의를 기울여야 합니다. 장사에 큰 관심을 기울이지 않는다면 채산을 맞출 수 없고, 직원을 통솔하기도 어려워집니다. 직원과 소통하지 못하는 사람은 가게 외부의 사람들에게 널리 가치관을 전하는 일 역시 잘할 수 없습니다. 손님과 지역의 내·외부인에게 무언가를 전하는 가게는 장소와 운영 시스템을 갖추고 있다 해도 아무나 할 수 있는 것이 아닙니다.

## 디자인과 여행을 주제로 한 잡지, «d 디자인 트래블»이란 무엇인가?

어느 지방이나 지역적 개성과 풍토의 매력이 감춰져 있습니다. 그러한 매력은 일부러 방향성을 가지고 길러내지 않는 한 좀처럼 쉽게 보이지 않습니다. 어쩌면 지역 사람들만으로는 지역의 개성을 기르는 일이 역부족일지도 모릅니다.

이는 지역 '물건'의 경우에도, 지역 '일'의 경우에도 다 같이 해당됩니다. 그래서 지역의 매력을 종합적으로 개발하기 위한 시도로 2009년부터 디자인과 여행을 주제로 한 잡지 «d 디자인 트래블 d design travel»을 발간하고 있습니다. 잡지는 전국적으로 유통되기 때문에 그 지역에 사람이 찾아오고 물건을 사는 등의 구체적인 행위가 일어나는 데 도움이 됩니다. «d 디자인 트래블»은 이제까지의 여행 가이드북과는 다른 정책을 펼칩니다. 우선, '지방을 생각하는 기업'이 광고주로서 참여해 제작비의 반을 책임집니다. 통상 잡지는 광고주가 대단한 역할을 하지 않는 선에서 광고를 받지만, 우리는 오래도록 남을 것을 '함께 만든다'는 생각을 중시합니다.

또 책머리에 '편집의 정의와 방법'을 적어둡니다. 처음에는 도쿄 본부의 편집부와 지역 편집부가 함께 지역 특집호를 만들었지만, 그것을 본보기 삼아 지역 자체 인력만으로 그 지역의 《d 디자인 트래블》을 만들 수 있습니다. 이는 지역 사람들도 같은 생각으로 잡지를 편집할 수 있도록 하자는 의도에서 비롯된 것입니다.

이른바 '지역 잡지'에는 두 종류가 있습니다. 하나는 '타운town지'라고 불리는 것으로, 지역 사람들을 대상으로 지역 사람들이 만드는 잡지입니다. 그렇기 때문에 타운지는 기사의 주제나 소개 방식에 지역적인 느낌이 강하고, 지역 사람들 대부분이 알고 있는 것이라면 상세한 설명을 줄여도 상관없는, 마치 일상의 대화 같은 내용으로 만들어집니다. 극단적으로 말하자면 다른 지방 사람들에게는 통하지 않아도 무방한 유형의 잡지입니다. 다른 하나는 지역의 개성을 전국적 시선으로 소개하는 '문화지'입니다. TV 방송으로 비유하자면 NHK와 같은 것입니다. 즉 전국을 대상으로 삼아 표준어로 지역의 일을 소개하는 잡지입니다.

《d 디자인 트래블》은 이 가운데 두 번째 경우를 적절히 적용한 것입니다. 지역 사람이 당연하게 여기는 지역의 개성을, 외부의 눈으로 발굴하여 기사로 내보내는 것입니다. 잡지를 만드는 것 자체로 자기 지역의 매력과 개성을 정리할 수 있습니다. 한편 이 잡지는 지역의 장점과 산업을 밖으로 널리 전하려면 어떤 방법을 써야 하는지, 무엇을 기획해야 하는지, 어떤 부분을 공격해야 할지를 알기 위한 기초 연구서이기도 합니다.

《d 디자인 트래블》은 상업 잡지가 아닙니다. 잡지를 만듦으로써 지역다움을 이해하고 밖으로 널리 알리자고 외치는, 말하자면 '워크숍'에 가까운 것입니다. 한편 ≪d 디자인 트래블≫을 통해 알게 된 지역을 보는 관점과 깨달은 방법론은 이후 디앤디 활동으로 연결됩니다.

---

**우선 그곳에 가서 다음에 어디를 가면
좋을지 물을 수 있는, 마치 '여행지에 있는
친구 집' 같은 장소를 만들고자 한다.**

---

사람들은 대부분 여행 행선지를 TV나 잡지, 인터넷에서 얻은 정보로 결정합니다. 이런 정보를 보며 '와, 저런 데에 가보고 싶다!'고 생각하지요. 하지만 소개 내용 대부분은 지역 음식에 관한 것이나 아름다운 풍광 등 항상 같습니다. 방송이나 잡지 등을 통해 가끔은 조금 감각이 다른 여행 정보를 얻곤 하는데, 그런 것을 보면 여행에 대한 새로운 감각을 자극하는 신선한 기분이 듭니다. 요컨대 우리는 '새로운 시선의 여행'을 늘 바라고 있는 것입니다.

여행에 대한 새로운 관점 중 하나가 바로 '디자인'입니다. 온천이나 맛집 같은 관광 특집도 좋지만, '디자인'에 관심 있는 사람도 많을 것입니다. 디자인을 좋아하는 사람은 여행을 할 때 음식, 물건, 숙박 장소에 대해서도 관심이 있지만 상품 포장이나 간판, 열차, 문화시설 등의 디자인, 축제 기획이나 도시계획, 전통문화와 음악까지도 매우 주의 깊게 봅니다.

이와 같이 '디자인에 관심이 있는 사람'은, 만약 디자인의 관점에서 지역의 물건과 일을 안내, 소개, 판매하는 장소가 있다면, 그곳을 관광 안내소 찾듯 맨 처음 찾아올 것입니다. 요컨대 디앤디에 필요한 일은, 지역 정보를 늘 준비하고 업데이트하는 것, 디자인에 관심이 높은 차세대 장인이 만든 전통 공예품을 소개하는 것, 예전부터 계속되어온 지역의 여러 가지 일들을 시각적으로 알기 쉽게 소개하는 것입니다.

디앤디를 찾아온 사람이 이렇게 생각해준다면 더 바랄 것이 없겠습니다. '오호, 전혀 관심 없던 곳이었는데 이런 출발점이 있다면 괜찮겠군. 우선 그 지역의 디앤디를 찾아가보면 여행이 재미있을지도 몰라.'

## 나는 결국 무엇을 하고 싶은 것인가.

나의 최종 목표는 디앤디라는 '지역의 개성을 이해하는 장소'를 47도도부현에 하나씩 만드는 것입니다. «d 디자인 트래블»이라는 디자인 관점의 여행 잡지도 47도도부현에 맞춰 47권을 만들 예정입니다. 디앤디 가게를 하는 것은 아니지만, 그 생각에 공감하고, 계속 관계를 유지하면서 지역을 위해 무언가 하고자 하는 동료인 'd의 친구'도 앞으로 늘어갔으면 좋겠습니다.

2012년에는 도쿄 시부야 히카리에에 상설 전시회장 'd47 뮤지엄'과 상점 'd47 디자인 트래블 스토어design travel store'를 열었고, 'd47 식당'도 열었습니다.

　처음에는 언론이 집중된 대도시 도쿄에 홍보 창구를 두고, 일본 내 디앤디 뉴스를 언론이나 웹 사이트를 통해 알려왔습니다. 하지만 이제는 홍보의 총 본산을 'd47'이라는 이름으로 매우 특별한 장소인 시부야 역 건물에 마련했습니다. 1년 내내 디자인 관점으로 자기 지역의 개성을 생각하는 47도도부현 동료들로부터 신선한 정보를 전달받아 'd47 뮤지엄'에 전시하고, 'd47 디자인 트래블 스토어'에서 판매하며, 실제 지방 식재료를 사용한 정식定食을 'd47 식당'에서 먹고, 이야기를 주고받을 수 있습니다.

　각 지방의 디앤디는 도쿄 시부야의 홍보 거점 'd47'이나 타 지역에서 관심 있게 지켜본 디자인 관점을 활용하여 지역의 개성을 높이고자 노력하는 동료들과 매일 연락을 주고받을 것입니다. 무언가 새로운 시설이나 물건 등을 개발할 때에는 《d 디자인 트래블》의 편집 경험을 통해, '히트 상품의 유사품이 아닌' 지역 고유의 특성을 지닌 상품을 만들라고 지도합니다. 디앤디는 일본의 개성에 대한 이해와 발전을 위한 네트워크라고 할 수 있습니다.

# 제2부
# 디앤디파트먼트 만드는 방법

제1부에서는 디앤디파트먼트 프로젝트의 '커뮤니티'라는 특성이 어떻게 생겨났는지에 관해 이야기했습니다. 처음에 디앤디파트먼트 가게는 일종의 자기표현으로서 팔고 싶은 것을 파는 곳에 불과했습니다. 하지만 제작자 취재나 오사카점 설립 등을 계기로 나 개인에 앞서서 '사회'가 존재함을 인식하게 되었고, 취미 성향의 프로젝트에서 한발 나아가 다른 사람들과 함께 '좋은 디자인'에 대해 생각하는 장을 모색하게 되었습니다.

이제 제2부에서는 디앤디파트먼트 프로젝트(이하 디앤디)를 만드는 방법을 소개하고자 합니다.

우리는 매출 신장을 최우선 목표로 삼지 않습니다. 하지만 결국 '생활인들에게 물건을 판다'는 현실적인 상황을 통해 롱 라이프 디자인을 추구하는 것이기 때문에 가게가 경제적으로 유지되지 않으면 활동을 지속할 수 없습니다.

일종의 '활동'으로서 디앤디를 10년 이상 해온 경험을 바탕으로, 디앤디를 하고 싶은 사람 혹은 디앤디와 유사한 '전하는 가게'나 커뮤니티를 만들어보고 싶은 사람이 참고할 만한 사항을 Q&A 형식으로 설명하겠습니다. 가게 위치와 건물 공간, 상품의 구성, 가게에서 벌어지는 이벤트 진행 방법까지 모두 빠짐없이 이야기합니다. 이 이야기들은 어디서 주워들은 것이 아니라, 모두 우리가 체험하고 생각해온 것들입니다.

## Q

# 디앤디의 파트너가 되기 위해서
# 필요한 것은?

## A1

### 사회, 지역, 나, 장사 간에 균형을 이룰 것.

'전하는 가게'를 시작하려는 사람은 대부분 일반 상점이나 카페를 하고 싶어 하는 사람과는 다른 동기를 가지고 있습니다. 디앤디의 지역점 — 직영점이 아닌, 가게 대표가 따로 있는 프랜차이즈 형태의 지방 점포 — 을 하겠다는 사람의 유형은 크게 두 가지입니다. 하나는 언론을 통해 알게 된 디앤디의 이미지를 추종하는 유형입니다. 말하자면, 디앤디 가게가 멋지다고 생각해 그 일원이 되고 싶어 하는 사람입니다. 이들에게는 지방의 디앤디를 실제 방문하거나 이벤트 또는 공부회에 먼저 참가해보기를 권합니다. 그러나 이러한 과정을 거친 후 정말 디앤디의 파트너가 되는 경우는 사실상 거의 없습니다.

다른 하나는 사회나 지역에 대해 문제의식을 지닌 유형입니다. 자신이 사는 지역에서 생산되는 물건을 파는 장소가 없다거나 젊은 작가가 발표할 기회가 없다는 문제를 인식하고, 본인이 가게를 열어서라도 뭔가 하고 싶어 하는 사람들이지요. 이 경우에는 권하지 않아도 자진하여 공부회에 참석하고, 홋카이도나 가고시마 등의 지역점에도 시간을 내서 찾아가봅니다. 디앤디를 모델 삼아 가게 공간을 찾아다니거나 나아가 지역에서 독립적인 활동을 시작하는 경우도 있습니다. 이들은 이미 파트너가 될 준비가 되어 있는 사람들입니다.

두 번째 유형이라 해도 가게를 만들려면 '어느 정도의 세련미'를 갖춰야 할 필요가 있습니다. 오늘날에는 물건 만들기든 채소 기르기든 30~40대 이하의 젊은 층이 중심이 되어가고 있습니다. 이들은 디자인에 관련된 일을 하지 않더라도 멋진 물건에 이끌리는 세대입니다. 지역에서 빛을 발하는 '전하는 가게'를 하려면, 그러한 세대가 자신이 만든 물건을 팔고 싶어 하는 장소를 만들어야 합니다. 이를 위해서라도 디앤디와 보다 긴밀하게 접촉하여 디앤디 스타일을 몸에 익힐 필요가 있습니다.

그러나 문제의식과 감각이 있다고 해서 무조건 '전하는 가게'가 잘 돌아가는 것은 아닙니다. 지금까지 수차례 지방의 파트너와 협력을 도모했는데, 어떤 경우는 성공하고 어떤 경우는 실패했습니다. 그 같은 경험을 통해 깨달은 것은 '전하는 가게'를 지속하기 위해서는 '사회', '지역', '나', '장사'라는 네 가지 요소의 균형을 적절하게 맞추는 감각이 필수불가결하다는 사실이었습니다.

자신만 생각하는 사람은 절대로 '전하는 가게'를 잘할 수 없습니다. '전하는 가게'가 큰 비중을 두어야 하는 쪽은 나보다는 사회나 지역입니다. 그러나 오로지 사회와 지역만을 생각하고 나를 위하는 의식이 없다면, 마찬가지로 가게를 오래하기 어렵습니다. 가게 하는 것을 즐겨야 합니다. 자신이 하고 싶은 것, 사회의 현재 혹은 미래에 대한 생각, 바탕이 되는 지역이나 주위 사람들에 대한 마음이 하나로 결부된 상태가 이상적입니다. 한편 가게인 이상 장사 감각도 매우 중요합니다. 결국 손님과 만나 돈을 벌어서 활동을 지속해야 하기 때문입니다.

사실상 저를 포함해 디앤디 지역점 사장들 중에 처음부터 이러한 균형 감각이 완벽한 사람은 없습니다. 하지만 가게를 꾸려가면서 점차 이상적인 균형 상태에 가까워집니다.

---

A2

## 장사 감각과 인간성을 기를 것.

---

디앤디의 파트너가 될 사람과는 첫 논의부터 개점까지 약 1~2년에 걸쳐 수차례 만납니다. 동료로서 함께 활동하기 위해서는 그 정도의 준비 기간이 필요합니다. 그 기간에 파트너 후보가 본부를 방문하기도 하고, 본부에서 지역으로 찾아가기도 하며, 또는

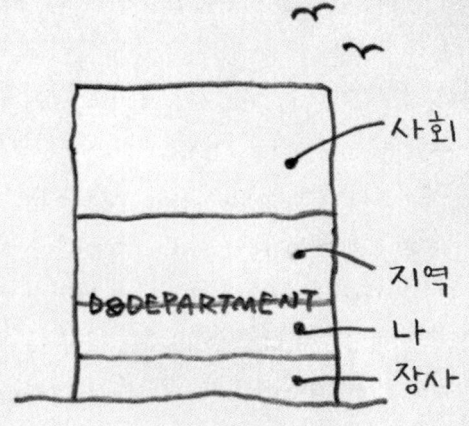

다른 지방의 지역점에서 만나 이야기를 나누기도 합니다.

가게 장소도 파트너 후보와 함께 가보고 결정합니다. 대개 파트너 후보가 미리 사전 답사한 곳들을 다시 함께 가봅니다. 이 단계까지 가고도 결국에는 개점하지 못하는 경우도 있습니다. 가게 장소에 대한 파트너 후보의 생각이나 가치관을 알게 되어 결국 동행하기 어렵다는 판단을 내리는 경우이지요. 어떤 장소를 선택하는가에 따라 장사나 비용에 대한 감각 그리고 활동할 지역에 대한 이해의 정도를 알 수 있습니다. 우리와 함께 활동하려면 꼭 그 장소여야 한다는 설득력을 가지고 있어야 합니다.

현지에서 파트너 후보와 긴 시간을 보내다 보면 그 사람을 더 잘 알게 됩니다. 처음 만날 때는 서로가 꿈꿔온 것을 신나게 이야기하니 분위기가 들뜨게 됩니다. 파트너가 되면 반드시 잘할 것이라는 생각이 들지요. 그러나 꿈만 가지고 일이 다 잘되는 것은 아닙니다. 지역에 대한 생각이나 동료에 대한 태도를 자세히 알게 된 후 함께하기 어렵겠다고 판단한 경우도 많습니다. 충분한 자금, 좋은 장소, 넘치는 의욕이 있지만 그런데도 불구하고 그 사람 안에 사회, 지역, 나, 장사에 대한 의식이 불균형한 상태임을 알게 되기도 합니다.

'전하는 가게'의 대표는 직원이나 지역 사람들이 저절로 이끌리는, 즉 주변으로부터 사랑받는 인격을 지닌 사람인 경우가 많습니다. 결국 핵심은 인간성입니다.

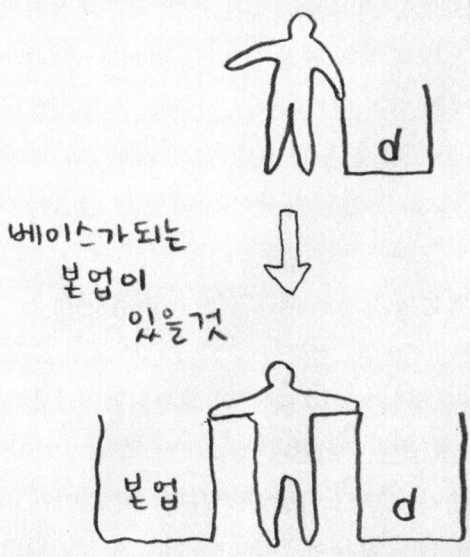

A3

## 안정적 수입원이 되는 '본업'이 있을 것.

디앤디 웹 사이트에는 지역점을 하기 위한 조건이 적혀 있습니다. 거기에는 가게 설비와 상품 매입 등에 약 3000만~4000만 엔이 들고, 그 외에 가게를 얻는 비용이 필요하다고 쓰여 있습니다. 개점 전에 지도를 받는 비용, 본부의 출장 비용, 보증금도 부담해야 합니다. 이미 사업을 하고 있는 사람이라 해도 큰 결심이 필요한 금액입니다.

이 돈을 사업상 투자라고 생각하면, 우리의 '전하는 가게'로는 수지를 맞출 수 없습니다. 상점이나 카페에서 얻은 수익을 다음 활동을 위해 사용하는 것이 디앤디의 대원칙입니다. 기본적으로 큰 돈벌이를 할 수 없는 구조입니다.

또한 '전하는 가게'는 그 바탕에 커뮤니티가 있어야 비로소 성립됩니다. 커뮤니티는 하루아침에 만들어지지 않습니다. 가게와 거기서 일하는 직원, 지역 사람들 그리고 멀리서 찾아오는 사람들 사이에 분명한 연결고리가 생기기까지는 수년이 걸립니다. 나중에 디앤디만의 수익으로 자립할 수 있다고 해도, 우선은 디앤디와 별도로 수입을 낳는 본업이 필요합니다.

디앤디가 궤도에 오르면 본업에 파급 효과가 생길 수도 있습니다. 예를 들어, 디자인 회사가 디앤디를 시작하여 사람이 모여들면, 거꾸로 디자인 회사의 일이 늘어날 수도 있습니다. 내가 디앤디를 시작했을 때에도 그랬고, 지방의 지역점에서도 비슷한 일이 발생하고 있습니다. 그렇다고 해서 지나친 파급 효과를 의도해서는 절대 안 되겠지요. 어찌됐든 정부의 보조금이 아닌, '전하는 가게'의 활동과는 별개의 수익원이 있어야 합니다.

## Q

# 가게 장소를 찾을 때 주안점은?

## A1

### 전하는 가게는 불편한 장소에 있는 편이 낫다.

'전하는 가게'는 가게 위치가 매우 중요합니다. 대부분의 디앤디 가게는 가까운 역에서 도보로 20분 정도 걸리며, 사람의 통행이 빈번하지 않은 장소에 있습니다. 일반적으로 기피하는 위치지만 '전하는 가게'는 그러한 장소에 있어야 한다고 생각합니다.

불편한 장소에 있는 가게에 찾아오는 사람은 집을 나설 때부터 '오늘은 그 가게에 가자'라는 의지를 가지고 찾아오는 사람입니다. 아무 정보 없이 지나다 불쑥 들어오는 사람이 아닌 것이죠. 우리 같은 가게는, 의식이 높은 손님과 제대로 소통할 수 있는 상황을 만드는 것이 매우 중요합니다.

한편, 불편한 위치에 있기 때문에 상대적으로 싼 임대료로 넓은 공간을 확보할 수 있습니다. 물건을 파는 매장과 카페가 있고 게다가 공부회나 워크숍을 진행하려면 어느 정도 넓은 공간은 필수입니다. 오히려 사람의 통행이 그다지 많을 필요가 없습니다.

불편한 위치가 가진 이 같은 장점을 미리 알고 도쿄점의 장소를 결정한 것은 아닙니다. 지금의 장소에서 가게를 하면서 깨달은 것들입니다. 다만, 디앤디를 시작하기 전에 고마자와駒沢 공원 옆에 있는 '바와리 키친'이라는 카페에서 작은 영향을 받았습니다. 그 카페는 매우 외진 장소에 있었는데도 새벽 1시를 지나서까지 손님의 행렬이 이어졌습니다.

가게 대표의 생각이 분명하다면 가게가 어디에 있든지 의식이 높은 사람들이 반드시 찾아온다는 사실을, 그 카페를 보고 확신하게 되었습니다. 저 역시 그런 손님들이 찾아오는 가게를 만들고 싶었습니다.

## A2

### 많은 사람들이 지나다니는 곳에 있으면 오히려 고생스럽다.

가게 장소 선정에 실패한 경험도 몇 차례 있습니다. 2000년 디앤디 도쿄점을 연 직후 니혼바시日本橋의 상업 건물에 낸 '60비전 팝업 스토어'는 성공하지 못했습니다. 마침 건물 자체가 문을 연 직후여서 방문객 수가 매우 많았는데, 오히려 그랬기 때문에 손님들에게 우리의 생각을 차분히 전할 수가 없었습니다. 또한 우리의 생각을 제대로 전한 경우에도 손님이 물건을 사지 않았습니다. 개점 초기 도쿄점은 손님을 모으는 일로 고전하고 있었는데도 수익률은 오히려 도쿄점이 더 높았습니다. 도쿄점의 손님은 진열된 물건에 대해 사전 정보를 가지고 있었고, 또 그것을 사겠다는 목적을 가지고 가게에 찾아왔기 때문입니다.

다치카와立川 역 건물에 가게를 냈을 때도 무척 고전했습니다. 힘들었던 이유는 앞서 니혼바시 상업 건물의 경우와 비슷했는데, 게다가 이곳은 연중무휴의 건물이었습니다. 도쿄점 직원은 정기 휴일에 자신이 팔고 있는 물건을 만드는 공장에 자주 견학을 갔습니다. 그러나 다치카와점 직원은 그러한 견학에 참여하기 어려웠습니다. 그러다 보니 점차 생각을 공유하는 게 어려워졌습니다. 가게 매상을 올리는 일에만 집중하게 되자 그들은 디앤디의 일원이라기보다 그냥 판매원 같은 상태가 되었습니다. 판매 동기가 완연히 달라진 것입니다.

결과적으로 수익은 올랐지만, 그러한 상황에서 그 가게를 계속해야 하는 의미를 찾을 수 없었습니다. 우리는 장사를 하는 것과 동시에 활동을 해야 합니다. 그러므로 자신의 호흡을 찾는 것이 매우 중요하며, 호흡을 지키기에 너무 많은 제약이 따르는 장소는 바람직하지 않습니다.

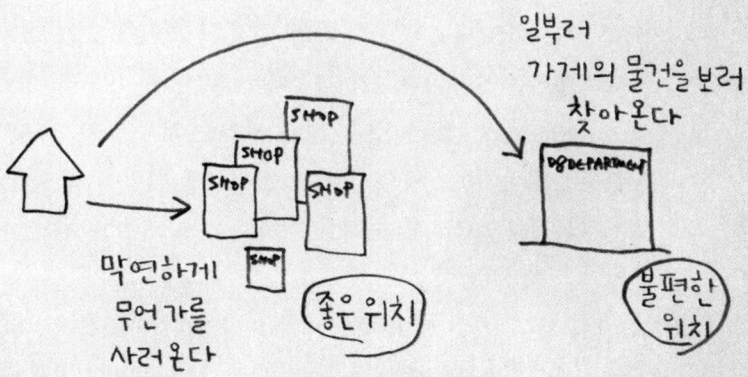

A3

## 손대지 않고도 사용할 수 있는, 기분 좋은 공간을 찾는다.

지방에서 디앤디에 적합한 장소를 찾기는 쉽지 않습니다. 오사카나 삿포로 같은 대도시에서는 '전하는 상점'의 조건에 맞는 장소를 간혹 발견할 수 있습니다. 그러나 지방으로 가면 갈수록 적합한 장소가 별로 없습니다. 지방은 대개 상업 지역과 주거 지역이 분명하게 구분되어 있고, 상업 지역을 벗어나면 빌릴 수 있는 공간이 거의 없기 때문입니다. 그래도 기적과 같은 장소를 만날 때까지 타협하지 않습니다.

지역점의 경우, 그 지역의 파트너 후보가 먼저 장소를 점찍어 둡니다. 부동산 소개소에서 정보를 구하는 것은 물론, 거리를 잘 살피면서 걸어 다니다가 마음에 드는 장소를 찾기도 합니다. 단, 지역의 시장 크기나 수준을 고려하여 적절한 넓이와 적당한 임대료를 갖춘 장소여야 합니다.

디앤디 도쿄점과 오사카점을 보고 그만한 규모로 해야 한다는 고정관념을 끝내 버리지 못한 파트너 후보도 있었습니다. 그러나 가장 중요한 것은 '전하는 가게'로서 운영을 지속할 수 있는지의 여부입니다. 멋을 우선시하면 균형을 잃을 수 있습니다. 한편으로 공부회나 이벤트를 위한 공간이 반드시 필요합니다. 공부회에 100명이 온다면 100개의 의자를 놓을 수 있는 공간이 필요합니다. 평상시에 의자들을 수납할 수 있는 공간도 필요합니다.

또 개점 비용을 절약하기 위해서는 가능한 한 돈이 들지 않도록 따로 손댈 필요가 없는 건물이 좋습니다. 10년이 지나도 시대에 뒤처지지 않고 멋이 살아 있는, 조금 낡은 건물이 이상적입니다. 천장을 터서 하얗게 칠하는 정도만으로 충분히 사용할 만한 장소를 찾아야 합니다. 잊지 말고 확인해야 할 것은 바로 냉방 시설과 화장실입니다. 창고 같은 장소는 텅 빈 시원한 분위기가 좋은데, 그런 곳일수록 냉방 시설이 안 되어 있어 나중에 곤란해지는 경우가 많습니다. 업무용 냉방기를 다는 것만 해도 수백만 엔이 들기 때문이죠. 또 너무 낡은 건물은 화장실이 재래식인 경우가 많아서, 카페 영업을 하려면 화장실을 고쳐야 하는 일이 종종 발생합니다.

또 하나 제가 중시하는 것은 공간에 일종의 여백이 있어야 한다는 점입니다. 현재 도쿄점의 장소가 첫눈에 마음에 든 이유도 단순히 넓은 것뿐만 아니라 바로 그 여백이 느껴졌기 때문입니다. 여기서 말하는 여백은 물리적인 것이 아니라 감각적인 것으로, 공간의 밝기나 천장의 높이, 주위 환경 등에 영향을 받습니다. 예를 들어 일반적인 가게는 창문이 없는 편을 선호합니다. 상품이 햇빛에 바래거나 벌레와 먼지가 들어오는 등 좋을 것이 없기 때문입니다. 그러나 도쿄점의 한쪽 벽면은 거의 대부분이 창입니다. 넓은 창이 주는 한가로운 여백은 디앤디가 전하고자 하는 롱 라이프 디자인의 이미지 형성에도 매우 중요한 역할을 합니다.

이러한 기준을 고려하여, 지역의 파트너 후보와 함께 지역점 장소를 보러 다닙니다. 간혹 의견이 충돌할 때도 있고, 때로는 파트너의 열성에 져서 그의 의견을 따르는 경우도 있습니다. 시즈오카静岡점의 경우 파트너가 후지 산이 보이는 위치를 끝까지 고집했습니다. 시즈오카 시내는 주변 건물에 막혀 후지 산이 보이지 않았고, 그래서 그가 '여기밖에 없다'고 제시한 장소가 밭 한가운데였습니다. 밭 한가운데에서 가게를 하기는 어려울 것이라고 생각했습니다. 그러나 현재 시즈오카점에는 꾸준히 손님이 찾아오고 있으며, 파급 효과로 주위에 세련된 애완동물 관련 상점이 들어섰습니다. 때로는 지역 파트너의 감각을 믿는 것도 좋다는 것을 경험으로 배운 사례 중 하나입니다.

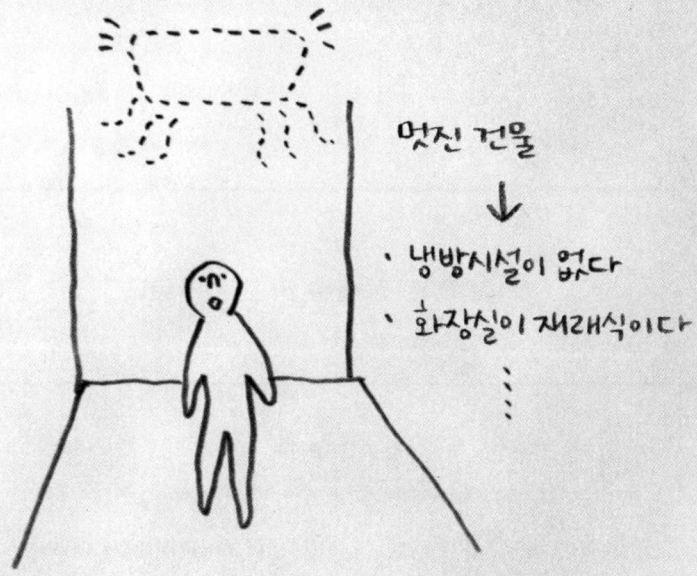

## Q

## 사람들이 모이는
## 가게 구성의 비결은?

A1

**가장 좋은 장소를 카페로 만든다.**

가게 안에 카페를 두는 것은 디앤디 지역점의 조건 중 하나입니다. 그리고 카페는 건물의 가장 좋은 위치에 만들어야 합니다. 도쿄점처럼 '디앤디파트먼트 다이닝D&DEPARTMENT DINING'이라는 이름으로 직영을 하기도 하고, 혹은 해당 지역에 원래 있던 카페가 세입자로 들어오기도 합니다. 어느 쪽이든, 지역에서 만든 그릇에 지역에서 나는 식재료를 이용한 메뉴를 제공하길 바랍니다. 카페는 지역 사람들뿐 아니라 멀리서 찾아온 사람들에게도 사랑받는 장소여야 합니다.

카페는 롱 라이프 디자인에 별 관심이 없는 사람이라도 가벼운 마음으로 디앤디를 찾아오게 만듭니다. 또한 가게에 안정적인 수입을 가져다줍니다. 일단 카페가 정착되면, 매상이 크게 오르내리지 않게 됩니다. 단골이 생기고 가끔 들르는 손님의 수도 안정되기 시작합니다. 가구점에 매일 가는 사람은 없지만, 카페에 매일 가는 것은 이상하지 않지요. 이렇듯 친구와 함께 혹은 혼자서도 쉽게 들르는 장소가 되어야 다양한 교류를 만들어갈 수 있습니다.

시즈오카점이 오가기 불편한 위치에 있는데도 불구하고 잘 운영되는 이유도, 대표가 가게 공간의 반을 카페로 만드는 결단을 내렸기 때문입니다. 제가 처음 생각했던 카페의 넓이는 가게의 3분의 1 정도에 불과했습니다. 현재 시즈오카점의 손님들은 물건을 사는 것보다 음식을 먹는 데에 돈을 더 많이 쓴다고 합니다. 시즈오카점 대표는 원래 그 고장에서 음식점을 하던 사람이었고, 그러한 경험이 강점으로 작용했습니다. 카페를 찾아온 손님이 디앤디 활동에 관심을 가지고 롱 라이프 디자인이나 일본의 물건 제작 환경에 흥미를 보인다면, 목표를 달성한 것입니다.

---

A2

## 디앤디 공통의 대표 상품과
## 지역 대표 상품 간의 균형을 맞춘다.

---

디앤디 지역점의 상품 구성은 본부가 선정한 '공통의 롱 라이프

디자인 상품'과 해당 지역의 산물 중에 선정한 '지역의 독자적인 롱 라이프 디자인 상품'을 반씩 취급하는 것을 지향합니다. '전하는 가게'는 지역 사람들에게 친숙한 가게인 동시에 지역을 대표하는 가게가 되어야 합니다. 그러므로 단순히 도쿄점을 모방한 곳이 아닌, 지역성을 간직한 우수한 디자인을 접할 수 있는 장소여야 합니다. 지역 사람과 지역 밖에서 온 관광객을 모두 만족시키기 위해 상품을 '반씩' 구성하는 것입니다.

현재 지역점에서는 '일본 비전NIPPON VISION'이라는 판매대를 설치해 지역 산물을 선보이고 있습니다. 지역 사람들에게 여기에 놓인 물건은 평소 늘 보아오던 것일지도 모릅니다. 그러나 디앤디의 손을 거쳐 매장에 놓임으로써 새로운 가치가 발견될 수도 있습니다. 또한 지역 사람도 구하기 어려운 물건이 '일본 비전'의 대표 상품이 되기도 합니다.

새로이 디앤디의 파트너가 된 사람에게 지역의 뛰어난 롱 라이프 디자인을 모으는 일은 생각보다 어렵습니다. 그래서 처음에는 도쿄점과 거의 같은 상품 구성으로 시작하는 것이 통례입니다. 개점 준비 중에도 그 지역에 가서 지역점의 예비 직원들과 함께 제조 공장이나 작가 공방을 방문하고 상품을 선정합니다. 물건에 대한 안목을 서서히 공유함으로써 '공통 상품'과 '지역 상품'의 비율이 9:1에서 8:2, 7:3으로 바뀌길 기대합니다. 이러한 노력을 통해 오랜 세월 전해 내려온 지역의 특성과 지역의 롱 라이프 디자인이 보다 널리 또 길게 전파될 것이라고 생각합니다.

지역 밖 사람들

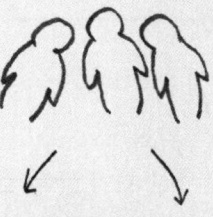

전국공통의
롱라이프
디자인

지역의
롱라이프
디자인

차를
마시거나
음식을 먹거나

지역 사람들

## A3

### 손님이 가게에 올 때마다 새로움을 느끼게 만든다.

롱 라이프 디자인을 위한 가게를 운영하면서 특히 신경 써야 할 점은 매장에 변화를 주는 일입니다. 롱 라이프 디자인이란 유행이나 트렌드에 좌우되지 않는, 수명이 긴 디자인입니다. 그렇기 때문에 디앤디는 자주 가봐야 같은 물건만 있는 장소로 보일 수 있습니다. 롱 라이프 디자인의 의미가 손님에게 전달되었다고 해도, 항상 같은 물건만 있다면 '또 가야지' 하는 마음이 잘 들지 않을 것입니다. 그래서 연구와 노력이 필요합니다.

매장에 독특한 변화를 주는 데에 재활용품의 역할이 큽니다. 재활용품은 대부분 하나밖에 없는 물건이니 팔리고 나면 다음에 또 언제 들어올지 모릅니다. 저 역시 지역점을 방문할 때 어떤 재활용품이 매장에 놓여 있을지를 무척 즐겁게 기대합니다. 재활용품은 매입 가격이 비교적 싸고 재고 위험이 적다는 장점도 있습니다. 또한 재활용품은 지역적 특성이 담겨 있기도 하고, 특히 가치 있는 디자인을 순환시킨다는 점에서 디앤디의 신념과도 잘 부합합니다.

책이나 CD를 취급하는 것도 매장에 변화를 주기 위해서입니다. 책이나 CD가 롱 라이프 디자인에 어울리지 않는 물건이라고 생각할 수도 있습니다. 그러나 롱 라이프 디자인의 상품과 함께

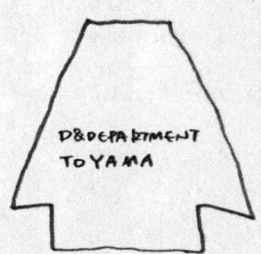

도쿄의 복사판을
만드는 것이 아니다.
지역다운
장소를 만든다.

마음을 충족시켜주는 소설이나 음악 같은 것이 현실적으로 필요하다고 생각했습니다.

그 외에 매장 벽을 갤러리로 사용하는 것도 변화를 주는 방법입니다. 실내 배치를 바꾸는 것도 좋은 방법이지요. 도쿄점에서는 2주에 한 번씩 대대적으로 실내 배치를 바꾸는 것이 통례가 되었습니다. 이는 손님을 위해서뿐만 아니라 직원을 위한 것이기도 합니다. 같은 물건을 계속해서 팔다 보면 누구라도 싫증이 나게 됩니다. 배치를 바꾸다가 상품의 새로운 매력을 발견하는 일도 종종 있습니다.

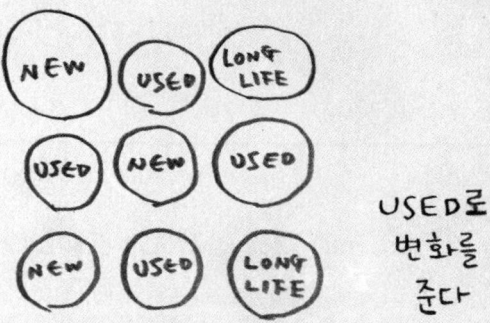

USED로
변화를
준다

LONG LIFE의
제품만 팔아서는
손님도 점원도
싫증을 낸다

# Q

## 매장의 상품은
## 어떻게 선정하나?

**A1**

### 상품에 대해 철저하게 조사한다.

디앤디의 상품은 다음의 다섯 가지를 기준으로 선정합니다. 바로 '알기', '사용하기', '인수하기', '수리하기', '지속하기'입니다.

우선, '알기'란 제품을 만드는 사람과 배경을 아는 것입니다. 디앤디에서 물건을 판다는 것은 다름 아닌 제작자의 생각과 태도를 사용자에게 전하는 일입니다. 말하자면, 물건과 돈의 이동은 부차적이고, 물건에 담긴 마음을 전하는 것이 무엇보다 중요한 일입니다. 사실 손님이 물건 제작자를 직접 만나 이해하는 것이 제일 좋지만, 현실적으로 무척 어려운 일이기 때문에, 우리가 공장을 열심히 취재하여 디앤디라는 장을 통해 우리의 언어로 전하

는 것입니다.

공장 견학은 대개 가게의 정기 휴일에 가지만, 간혹 영업시간 중에 가는 경우도 있습니다. 영업시간 중 가게 문을 닫고 가면 매상에 영향이 있습니다. 공장 쪽에서도 우르르 찾아온 모르는 사람들을 상대해주려면 매우 성가실 것입니다. 하지만 좋은 물건을 만드는 공장일수록 친절하게 설명해줍니다. 서툴지라도 기분 좋게 열심히 응대해줍니다. 좋은 일을 하고 있는 사람에게는 무언가 전하고 싶은 마음이 있는 법입니다. 그러한 마음이 디앤디 직원에게 전달되어, 그 같은 제작자의 물건은 결과적으로 잘 팔린다는 사실을 경험하고 있습니다.

반대로, 좋은 물건을 만들고 있음에도 공장을 보여주지 않는 경우도 있습니다. 물론 외부인에게 보여줄 수 없는 제조 비밀이 있을 수도 있으나, 어떻게 만드는지를 우리가 전혀 알지 못하면 다른 사람들에게 상품의 장점을 전할 수 없습니다.

---

A2

## 실제로 사용해보고 문제점을 파악한다.

---

'사용하기'란 우리 직원들이 실제 사용해보는 것을 말합니다. 겉보기에 롱 라이프 디자인 같아도 기능이 떨어지는 제품은 단명하고 맙니다. 반년에서 1년 정도 실제 사용해봄으로써 오래갈 디자

인인지 아닌지를 시험합니다.

얼마 전에는 법랑 용기를 시험했습니다. 패킹이 달린 나무 뚜껑이 있는 단순한 모양의 용기였습니다. 그러나 냉장고에 넣어두니 뚜껑이 휘어버려 사용할 수 없게 되었습니다. 어쩌면 용기의 사용설명서에 냉장고에 넣지 말라고 쓰여 있을지도 모릅니다. 하지만 이런 용기는 누구라도 냉장고에 넣고 사용합니다. 디자인이 아무리 좋아도 일상생활에서 사용할 때 문제가 있다면 롱 라이프 디자인이라고 할 수 없습니다. 법랑 용기 제작사에 경위를 전달하자 문제점이 개선되었습니다. 물건의 겉보기만으로는 그것이 번드르르한 잡화인지 롱 라이프 디자인인지 판단하기 어렵습니다. 문제점을 제기했을 때 어떻게 대응하느냐에 따라 제작자가 물건 생산에 진심을 다하는지 그렇지 않은지 알 수 있습니다.

지금은 G마크를 받은 껍질 벗기는 칼peeler을 시험 사용해보고 있습니다. 기능은 나무랄 데가 없습니다. 그리고 멋집니다. 그런데 지나치게 멋집니다. 이는 결코 기능미가 아닙니다. 10년 후에도 내가 이것을 애착을 가지고 사용할지 생각해보니, 자신이 없습니다. 이것을 디앤디에서 판매해야 할지 고민하고 있습니다.

'인수하기'란, 소모품이 아니라면 '다시 인수할 수 없는 물건은 판매하지 않는다'라는 규칙입니다. 공장을 찾아가 물건에 대한 이야기를 듣고, 시험 사용을 거쳐 아무 문제가 없는 제품이라도, 논의 결과 '인수하기'에서 결격 판정을 받는 경우도 있습니다. 예를 들어, 쉽게 흠집이 나서 상품 가치가 떨어지는 물건이 그렇습니다. 디앤디의 근본은 재활용품 가게입니다. 우리가 판매하는 상품은 튼튼하고 안전하고 아름다우며 수리해서 계속 사용할 수 있어야 합니다. 말하자면, 누군가 사갔으나 불필요해졌을 때 가게가 인수해서 재판매해도 다른 누군가가 또 갖고 싶다고 생각하게 되는 물건입니다. 그러므로 다시 인수할 수 없는 물건은 '좋은 디자인이 아니다'라고 보아도 무방합니다.

---

### A3

## 수리가 가능한지 그리고
## 단종될 제품은 아닌지 확인한다.

---

'수리하기'는 고쳐서 계속 사용할 수 있는지 없는지의 여부를 뜻합니다. 디앤디에는 수리 코너가 있어서 물건을 가게에서 수리할 수 있습니다. 수리에 필요한 공구나 부품을 갖추고 있지만, 의자 바퀴처럼 망가지면 수리하기 어려운 물건도 있습니다.

    예전에는 대부분의 제조사가 자사 제품을 맡아 수리해주었습니다. 그러나 오늘날에는 회사에 수리 부서를 두는 대신, 제품이 고장 나면 새것으로 교환해주는 일이 늘고 있습니다. 뛰어난 디자인으로 널리 알려진 제품이라도 수리가 불가능하다면 취급하지 않습니다.

    '지속하기'는 제작자가 지속적으로 만들어낼 물건이어야 함을 의미합니다. 금방 단종될 것이 분명하다면 롱 라이프 디자인이라

고 할 수 없습니다. 인간은 단명할 물건에 둘러싸여 살아갈 수 없습니다. 물건과 함께 긴 시간을 보내면서 여러 가지 추억을 쌓아가기 때문입니다. 그래서 제작자가 계속 만들고 싶어 하지 않는 물건은 어딘지 모르게 외로워 보입니다.

이러한 다섯 가지 기준을 충족하는 물건이 매장에 놓이게 됩니다. 그리고 몇 개월 후 그것을 대표 상품으로 삼을지에 대한 검토 작업을 합니다. 손님이 제품에 대한 불만을 제기하면 뜻을 같이 해 제조사에 전달합니다. 이것저것 따지지 않고 새로운 제품을 재빨리 들여와 팔아버리면 그만인 장사에 비하면, 디앤디는 효율성이 떨어집니다. 후보에 올라 있는 물건이나 기업에서 판매를 요청한 물건이 매우 많아서 항상 50개 이상이 뒷마당에서 순서를 기다리고 있습니다.

단언하건대 롱 라이프 디자인을 판매하는 일로는 큰돈을 벌 수 없습니다. 그래도 롱 라이프 디자인이라는 가치관이 점차 정착되어가고, 롱 라이프 디자인을 찾는 사람이 늘어가는 것을 실감합니다. 그러한 점에 큰 의미가 있습니다.

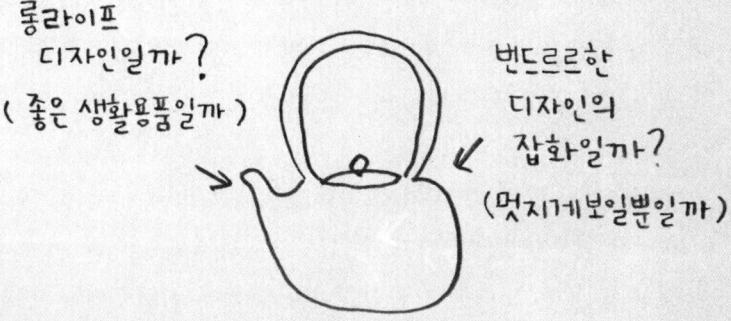

A4

## 실패하더라도 끝까지 가려낸다.

이렇게 제품을 선정하는 과정에서, 놀라울 정도로 훌륭한 제조사가 많다는 사실을 알게 되었습니다. 가리모쿠는 큰 기업임에도 사원 한 명 한 명이 가구 만들기에 높은 의식을 가지고 있었습니다. 혼자 공장 견학을 간다고 해도 친절히 응해주지요. 효율을 따져 팔기보다 항상 소중하게 여기는 마음으로 가구를 판다고 했습니다.

한편, 앞서 말한 다섯 가지 기준을 충분히 만족시키는, 영국의 수납장 회사가 있었습니다. 우리는 현지 공장에 찾아가 이야기를 듣는 등 많은 노력을 기울였습니다. 그쪽에서도 우리를 마음에 들어 해서 거래가 시작되었습니다. 그러나 매상이 기대치에 미치지 못하자 그들은 거래를 중단했습니다. 계약상 어쩔 수 없는 일이었지만 안타까웠지요. 서로 마음이 맞아 결혼한 부부가 남편이 돈을 많이 못 벌자 이혼하는 것과 비슷합니다.

어떤 디자인 가전제품은 겉보기에 매우 훌륭해서 롱 라이프 디자인임을 확신했습니다. 그러나 제품에 하자가 많아서 거래를 중단할 수밖에 없었습니다. 예를 들어 한 커피메이커가 있었는데 합성수지 냄새가 없어지지 않아서 개선을 의뢰했지요. 그쪽에서도 노력했으나 결국 해결하지 못했습니다. 진심이 담긴 디자인이라고 믿었는데, 결국 겉만 멀쩡한 물건이었던 것입니다.

일본에서는 디자인이라는 말에 '교태를 부린다'는 어감이 있습니다. 그러나 북유럽에서 디자인은 '정직하고 질 좋은 물건을 만드는 것'을 뜻합니다. 일본을 디자인 대국이라고 부르는데, 여기서 디자인은 유럽의 디자인과 의미가 다릅니다. 일본에서도 디자인이라는 말이 지금과는 다른 의미로 사용되기를 바랍니다.

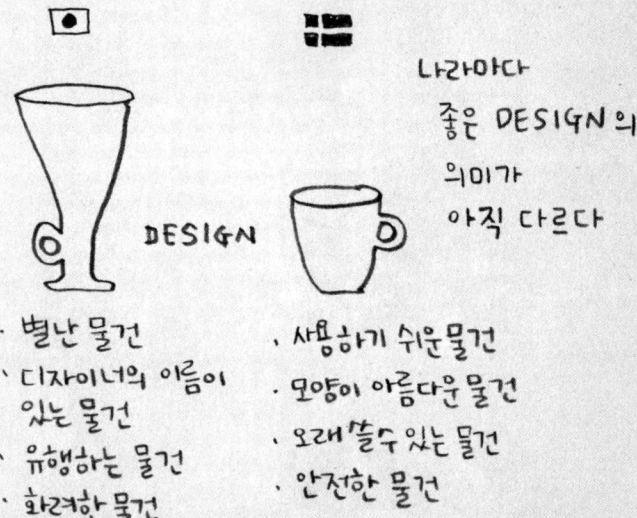

나라마다
좋은 DESIGN의
의미가
아직 다르다

- 별난 물건
- 디자이너의 이름이 있는 물건
- 유행하는 물건
- 화려한 물건

- 사용하기 쉬운 물건
- 모양이 아름다운 물건
- 오래쓸수 있는 물건
- 안전한 물건

## Q

# 디스플레이나 판매 방식에서
# 유의할 점은?

## A1

**충동구매를 일으키는
부자연스러운 디스플레이를 하지 않는다.**

커다란 다이닝 테이블에 사람 수대로 아름다운 매트를 깔고 꽃과 큰 접시로 화려하게 장식한 꿈같은 디스플레이. 디앤디 매장에서는 이런 장면을 볼 수 없습니다. '전하는 가게'는 이상적인 물건이 아닌 일상에서 실제 사용하는 물건을 취급하기에, 상품이 일상적으로 보이도록 하는 데 중점을 둡니다. 손님에게 꿈같이 과장된 현실을 보여줘서 충동구매를 하게 한들 그렇게 구입한 물건은 오래도록 소중하게 여겨지지 않습니다.

디앤디의 매장 디스플레이는 전부 가게 직원이 합니다. 그들에게 항상 "손님의 충동구매를 부추겨서는 안 된다"고 이야기합니다. 그렇지만 간혹 엉뚱한 곳에 화려한 꽃이 놓이기도 합니다. 물건을 좀 더 멋지게 꾸미고 싶은 마음에서 그랬을 것입니다. 하지만 그것은 이미지로 물건을 파는 것입니다. 그러면 물건과 손님의 관계가 오래가지 못합니다. 우리는 구매를 하려는 손님에게 "사지 않는 편이 좋겠습니다"라고 말하는 경우도 있습니다. 괜한 참견인지도 모릅니다. 하지만 충동구매한 물건에는 생각이 들어 있지 않고, 분명 애착도 생기지 않을 것입니다. 곧바로 버려지거나 다른 사람에게 줘버릴지도 모릅니다. 롱 라이프 디자인의 물건을 구입했다고 해도, 관계가 오래 지속되지 않는다면 의미가 없습니다.

상품 진열 방식에서 우리가 의도하는 바는, 그 물건이 어디까지나 일상생활 가운데에서 실제로 사용되는 것임을 깨닫는 '계기'를 만드는 것입니다. 비일상적인 화려한 연출은 물론 집중 조명도 하지 않습니다.

콘크리트 바닥에 가구를 놓는 것보다 러그를 한 장 깔고 놓으면 훨씬 반응이 좋습니다. 콘크리트 바닥에서 사는 사람은 없기 때문입니다. 이를 깨닫지 못했던 개점 초기에는 휑한 공간에 가구를 놓고, 이렇게 멋진데 왜 팔리지 않을까를 고민했습니다.

디스플레이의 요령은 일상생활의 구체적인 상황을 보여줘서 손님의 마음속 스위치를 켜는 것입니다. 이는 디앤디를 시작할 무렵, 여러 인테리어 가게를 돌아다니며 스스로 체득한 것입니다. 전문가의 디스플레이에는 분명 의미가 있었던 것입니다.

멋져 보이기는 하나
일상생활과 동떨어진
연출된 디스플레이는
하지 않는다

상품을 판다는 것은, 물건이 디앤디를 떠나 손님의 품에서 새로운 생활을 시작하는 것입니다. '상품아, 괜찮겠어? 이 사람과 잘 지낼 수 있겠어? 좋은 관계를 쌓을 수 있지? 좋아, 잘 다녀오라고!' 같은 마음으로 보내는 것입니다. 손님에게도 '이 녀석은 이러저러합니다'라며 많은 이야기를 전하고 싶습니다. 손님이 상품을 잘 이해한 후 물건을 사는, 너무나 당연한 일을 '전하는 가게'. 앞으로도 이런 노력을 착실하게 해나갈 것입니다.

### A2

## 재활용품을 이용해서
## 매장의 분위기를 살린다.

앞서 상품 구성에 대한 설명에서 언급했듯이, 롱 라이프 디자인 제품들을 늘어놓는 것만으로는 매장에 변화를 줄 수 없습니다. 그 가운데 재활용품을 하나 섞어주는 것만으로 매장 전체가 달리 보이게 됩니다. 이것도 손님 마음의 스위치를 켜는 기술입니다.

디앤디에서 파는 재활용품은 대부분 지역의 재활용품점에서 구입한 것입니다. 수십 년 전에 만들어져 여러 경로를 거쳐 재활용품점에 놓였다가 디앤디의 직원에게 발견된 것입니다. 재활용품점에서 중고 또는 재고 물건을 발견해 사는 행위를 우리는 '구조'라고 부릅니다. 재활용품점에서 팔리지 않으면 그대로 폐기 처

NEW   USED

신상품들 가운데
재활용품을 섞어 진열하는
롱라이프 디자인 스타일

분되었을 처지의 물건을 한 번 더 세상에 유통시키는 행위이기 때문입니다.

새 상품들이 놓인 매장 가운데서 오래 써서 손때 묻은 중고품은 매우 생기가 넘쳐 보입니다. 새 제품의 입장에서 보면, 롱 라이프 디자인의 중고품은 세월을 거치고 고향에 돌아온 대선배입니다. '너희도 나처럼 멋있게 나이 먹으렴' 하고 말하는 것 같습니다. 그와 같은 관계성이 가게에 독특한 분위기를 만들어줍니다.

디앤디에서는 재활용품의 희소가치가 높다고 해서 가격을 덧붙이지 않습니다. 희귀한지 아닌지와 상관없이 모두 롱 라이프 디자인이기 때문에 가치가 있는 것이죠. 새것과 오래된 것을 함께 매장에 놓음으로써 우리 생각을 보다 쉽게 전할 수 있습니다. 그것은 좋은 물건의 가치를 세상에 침투시키는 일입니다.

## A3

### 상품에 맞는 집기를 고른다.

개점 초, 디앤디 매장에서 사용한 집기는 대부분 재활용품점에서 산 중고 수납 가구였고, 그것 자체가 파는 물건이기도 했습니다. 롱 라이프 디자인을 취급하는 재활용품점으로 가게를 시작했기에, 집기도 새것을 쓰고 싶지 않았습니다. 말하자면, 집기를 따로 구비하지 않는다는 발상이었습니다.

그런데 이런 가구가 무척 인기가 있어서, 팔릴 때마다 안에 진열했던 물건들을 다 꺼내 또 다른 가구에 진열해야만 하는 어려움이 따랐습니다. 또한 집기로 사용할 만한 중고 수납 가구를 입수하기가 쉽지 않았습니다.

그래서 매장 집기로 회색의 공업용 철제 선반을 사용하기 시작했습니다. 공업용 철제 선반은 별다른 특허권이 없어서 여러 제조사에서 만들기에 가격이 저렴합니다. 언제든 필요한 만큼 사서 보충할 수 있고, 진열 상품에 따라 높이 등을 조정할 수 있는 유연성이 있지요. 또 내구성도 높아서 우리 같은 가게의 집기로 안성맞춤이었습니다. 철제 선반을 깔끔하게 조립하는 것이 중노동이기는 해도, 서로 도와주는 일손이 있으면 어떻게든 해낼 수 있습니다.

그러나 공업용 선반에 놓아두어서는 팔기 어려운 상품이 있음을 염두에 두어야 합니다. 극단적인 예로, 공업용 선반에는 500만 엔짜리 다이아몬드를 놓아둔들 가치 있게 보이지 않습니다. 아르네 야콥센Arne Jacobsen의 수만 엔짜리 조명등도 공업용 선반 위에 놓아두면 팔리지 않습니다. 요컨대 집기와 가격대에는 궁합이 있는 것이죠. 그런데 선반 위에 천연목 판재를 한 장 올리는 것만으로도 크게 달라질 수 있습니다. 이는 멋을 부리려는 것이 아니라, 상품의 가치를 과하거나 부족하지 않게 전달하는 일종의 기술입니다. '전하는 가게'도 장사를 하는 이상, 그러한 기술을 세심하게 연구하고 또 노력을 기울여야 합니다.

**A4**

## 할인 행사를 한다면
## 부가가치를 부여해야 한다.

가게 안에 할인 판매대를 만든다거나 계절 맞춤 행사 판매대를 만드는 것은 상점에 사람을 모으고 매상을 올리기 위한 상투적인 방법입니다. 우리는 그러한 방식에 의문을 품고 있습니다. 할인 가격이나 계절 맞춤이라는 말로 현혹해 필요하지 않은 물건을 억지로 사게 만들려는 의도가 느껴지기 때문입니다.

저는 '희망 소비자가'라는 개념을 매우 좋아합니다. 희망 소비자가는 제품을 개발한 제작자가 물건의 가치에 걸맞다고 생각한 가격입니다. '이 물건에 이러저러한 장점이 있어서 이 가격에 내놓습니다'라는 메시지가 담겨 있는 것이죠. 그러나 일반적인 '자율 가격'은 시장의 속성이 반영된 가격입니다. 대형 할인 판매점의 가격 파괴도 이러한 가격 책정 시스템과 연관이 있습니다.

할인이나 저가 판매는 소비자에게 이익이라고 여겨집니다. 하지만 소비자도 반드시 잃는 것이 있습니다. 예를 들어, 물건에 대한 고마움이나 제작자에 대한 마음을 잃어버리게 됩니다. 꼼데가르송의 가와쿠보 레이川久保玲 씨가 "의미 있는 진짜 물건은 비싸다"라고 한 말에 저 역시 동의합니다. 물건을 파는 사람은 싸게 판매함으로써 잃어버리는 의미에 대해 진지하게 고민해야 합니다. 패

재고가 생기는 이상
SALE을 아예
안 할 수는 없다

새로운 방식의
SALE을
생각해본다

션 분야처럼 시즌에 따른 유행 때문에 연 2회의 할인 판매로 재고가 남지 않도록 재빨리 팔아치우는 방식은 디자인과 사람의 관계에서 볼 때 매우 잔혹한 구조입니다.

그러나 현실적으로 상품을 매입해서 판매하는 일을 하다 보면, 대량의 재고를 떠안고만 있을 수 없는 상황에 닥치게 됩니다. 그 상황에서 재고품을 어떻게 해야 할까요? 단순히 가격을 내려 팔아치우는 할인 행사가 아니라, 부가가치를 분명하게 전달하는 할인 판매라는 새로운 방식을 모색하는 중입니다.

물건을 할인해 팔면, 상점에서 소비자에게로 단순히 물건이 이동할 뿐입니다. 제작자나 가게는 그저 팔기만 할 뿐이고, 사는 사람은 그저 사기만 할 뿐입니다. 할인 판매로 사고 싶은 물건을 싸게 구입하는 것은 누구에게나 즐거운 일입니다. 하지만 모든 물건을 정당하게 '제값 주고 사는' 편이 결국에는 삶에도, 마음에도 무언가를 남길 것입니다. '전하는 가게'에서 그 같은 마음을 느낄 수 있길 바랍니다.

# Q

## 재활용품의 매입과
## 판매 방법은?

---

A1

### 재활용품점에서 중고품을 매입하는 일은
### 풀뿌리 운동과 같다.

---

디앤디 도쿄점은 롱 라이프 디자인 제품을 재활용하는 장으로 시작되었습니다. 현재는 롱 라이프 디자인 기준에 부합하는 새 제품이나 복제품이 크게 늘었지만, 지금도 상품 구성에 중고품이나 재고품 같은 재활용품이 빠지지 않습니다.

지방의 디앤디 지역점들도 재활용품을 반드시 취급합니다. 도쿄 본부에서 재활용품을 매입하기도 하지만 해당 지역의 재활용품점들을 더욱 적극적으로 활용하지요. 개점을 준비하는 단계에서부터 수차례에 걸쳐 현지 직원과 함께 지역의 재활용품점들을 찾아다닙니다. 미리 가게를 점찍어두었다가 디앤디에 어울리는 재활용품이 나오면 그때그때 매입하지요.

재활용품점의 물건을 사서 다시 가게에서 파는 것이기에, 재활용품 판매로는 큰 이익을 남길 수 없습니다. 그런데도 재활용품을 취급하는 이유 중 하나는, 이미 설명했듯이 매장 내에서 중요한 역할을 하기 때문입니다. 또 다른 하나는, 이렇게 함으로써 지역 재활용품점의 의식을 바꾸고 싶기 때문입니다.

지역 재활용품점은 버려지기 직전에 놓인 물건의 최종 인수 창구입니다. 재활용품점에서 인수하지 않으면 대부분 완전히 버려집니다. 인수를 해도 팔리지 않으면 마찬가지로 폐기 처분됩니다. 우리가 롱 라이프 디자인의 관점으로 재활용품점의 물건을 매입하면, 그 순간부터 새로운 순환이 발생합니다. 재활용품점 사장님은 '내 가게에서는 팔리지 않았지만 저 사람들이 인수해갔다'고 생각해, 비슷한 물건을 또 매입할 것입니다. 재활용품점을 교육시킨다는 것은 과장된 표현이지만, 좋은 디자인의 물건을 쓰레기로 만들지 않는 문화를 위한 일종의 풀뿌리 운동인 것입니다.

## A2

### 재활용품점에서 다짜고짜 값을 깎지 않는다.

재활용품 매입을 위해 도쿄 근교에 있는 30~40군데의 재활용품

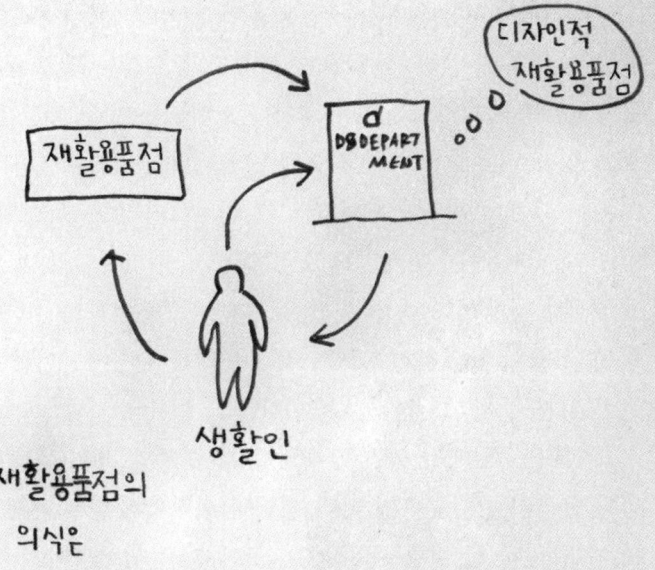

재활용품점의
 의식은
  거리를 바꾼다

점을 돌아다닙니다. 자동차로 돌다가 적합한 물건이 있으면 바로 구입하지요. 어쩌면 '탐지기 없는 원양 어업'같이 미련한 방법 같지만 다른 도리가 없습니다. 재활용품점에 전화를 거는 방식으로는 우리가 어떤 디자인의 물건을 찾는지 전달할 수 없고, 우리 생각을 이해시킬 수도 없기 때문입니다.

그렇다면 디앤디다운 재활용품이란 어떤 것일까요. 매입 기준을 매뉴얼로 만들 수 있으면 좋겠지만 그것을 말로 분명하게 규정하기는 불가능합니다. 유행이나 트렌드는 아무 상관 없고, 수요가 있고 없고도 그다지 중요치 않습니다. 브랜드나 디자이너가 기준이 되는 경우도 있으나 결코 절대적이지 않고요. 모양, 소재, 마무리, 기능 등이 전체적으로 롱 라이프 디자인이라 할 만한지, 일상생활 속에서 오래 사용될 것인지가 기준이라면 기준이라고 할 수 있습니다. 기본적으로 수리가 어려운 전자제품이나 바퀴가 달린 의자 등은 매입하지 않습니다.

재활용품점에서 물건을 매입할 때 주의할 점은 값을 깎으려 들지 말아야 한다는 것입니다. 지역점의 직원과 함께 재활용품점에 가면, 처음 본 재활용품점 주인에게 값을 깎아달라고 하는 경우가 있습니다. 직원은 될 수 있는 한 싸게 사서 이윤을 높이겠다는 생각일 것이고, 혹은 단순히 깎는 재미로 그러는지도 모릅니다. 하지만 이렇게 가격을 교섭하는 과정에서 파는 사람과 사는 사람의 관계는 한순간에 장사가 되어버립니다.

예의를 지켜 주인이 말한 가격으로 사면, 결국 주인과 손님을 초월한 관계가 생기게 됩니다. 그 순간부터 그 재활용품점에 가는 일이 즐거워지기 시작합니다. 그러다 보면 열 번에 한 번 정도는 주인이 먼저 "깎아드릴게요"라고 말하기도 하지요. 실제로 물건을 팔아보면 이러한 관계의 장점을 한층 더 잘 이해할 수 있습니다. 예의를 갖춰 상대방과 좋은 관계를 만들어가는 태도는, 디자인과 여행을 주제로 한 잡지 «d 디자인 트래블»을 위한 취재를 할 때에도 마찬가지입니다.

한편 재활용품점의 중고품 외에 호텔이나 회사 비품으로 사용되던 물건을 일괄 매입하는 경우도 있습니다. 아는 건축가나 인테리어 디자이너가 레노베이션 작업을 할 때, "버리려고 하는 가구가 있는데"라며 알려주는 일이 늘었습니다. 돈을 들여 폐기 처분해야 하는 물건을 팔게 되니 건축주는 기쁘게 받아들입니다. 다만, 해체 공사 현장에서는 되도록 빨리 물건을 없애야 하기 때문에 가구를 꼼꼼히 선별할 시간은 주어지지 않습니다. 현장에 컨테이너를 가져가 수백 개의 의자를 일괄 매입한 적도 있습니다. 그렇게 많은 가구를 일괄로 구입해 보관, 판매하는 업자는 많지 않습니다. 디앤디는 대량으로 매입한 재활용품을 각 지역점에 분배해 판매합니다.

A3

## 진정한 가치를 판별해 가격을 매긴다.

재활용품에 가격을 매기는 일은 꽤 어려운 작업입니다. 디앤디의 경우 재활용품점에서 구입한 가격과 우리가 매장에서 파는 가격은 기본적으로 관계가 없습니다. 장사로만 생각한다면, 매입 가격에 일정 비율을 붙여 판매 가격을 책정할 것입니다. 그런데 골동품점에서는 제작 시기, 희소성, 시세 등을 근거로 가격을 결정합니다. 그와 유사하게 디앤디는 우리가 생각하는 물건의 본질적인 가치를 재발견하고자 합니다. '이 디자인은 이 가격으로 팔고 싶다'는 가게 주인의 희망 가격이 매장 가격이 됩니다. 트렌드에 따라 가격을 덧붙이는 일은 절대 없습니다. 희망하는 가치에 따라 가격이 정해지는 것이죠.

가격을 책정하는 것은 팔려는 제품에 '다른 사람이 알아차릴지 모르겠지만, 너에게는 이 정도의 가치가 있다'는 마음을 전하는 것입니다. 물론 손님이 가격에 대한 질문을 하면 책정 이유를 구체적으로 설명할 수 있어야 합니다. 그리고 이 같은 논리를 지역의 디앤디와 공유해야 합니다. 그 때문에라도 지역점 직원과 함께 재활용품점을 돌아볼 필요가 있습니다.

자동차로 돌아다니고, 매입한 물건을 싣고, 가게로 운반하는 일은 상당한 육체노동입니다. 그러한 수고에 걸맞은 수익이 보장

되는 것도 아닙니다. 하지만 이는 매입이라기보다 구조 활동입니다. 착실히 나아간다는 마음 자세로, 디자인에 대한 사람들의 생각이 조금이라도 좋은 방향으로 바뀌면 좋겠다는 생각으로 해나가야 합니다.

**A4**

## 오래된 물건에는
## 굿 디자인의 힌트가 숨어 있다.

디앤디는 2002년부터 '60비전'이라는 프로젝트를 진행해왔습니다. 이는 1960년대에 일본 제조사들이 만든 제품이 우수하다는 사실을 인지하고, 당시 제품을 디앤디의 대표 상품으로 만드는 활동입니다. 1960년대에 많은 일본 디자이너가 세계적으로 통용되는 제품 개발에 몰두했고, 훌륭한 디자인이 다수 탄생했습니다. 당시 디자이너들은 잘 팔리는 것보다 사람들에게 보편적으로 필요한 것이 무엇인지를 탐구하는 자세를 가지고 있었습니다.

 1960년대 디자인 중에 우수한 것이 많습니다. 그 사실을 알아차린 것은 2000년 디앤디 개점 이전, 재활용품점에서 좋은 디자인의 중고품을 사 모을 때였습니다. 디앤디 카페에서 사용할 의자로 1960년대 가리모쿠 의자를 샀는데, 나사가 빠져 있어서 가리모쿠사에 문의했습니다. 그 과정에서 제품이 아직 단종되지 않았다는 사실을 알았습니다.

 이 의자를 디앤디에서 팔기 시작하자 매장에서도, 잡지 등의 언론에서도 놀라울 정도로 주목을 받았습니다. 이후 가리모쿠 사와 힘을 합쳐 '가리모쿠60'이라는 브랜드를 만든 것이 '60비전' 의 시작이었습니다. 1960년대의 디자인을 되살리려는 활동은 그 후 에이스, 노리다케, 마나 등 다수의 일본 국내 제조사와의 협업 으로 확대되었습니다. 단종 상품을 재생산하거나 오랫동안 존 재감이 없던 상품에 새로이 집중 조명을 비추기도 했습니다. 만 약 재활용품점에서 1960년대 가리모쿠 의자를 만나지 못했다면, '60비전'은 시작되지 못했을 것입니다.

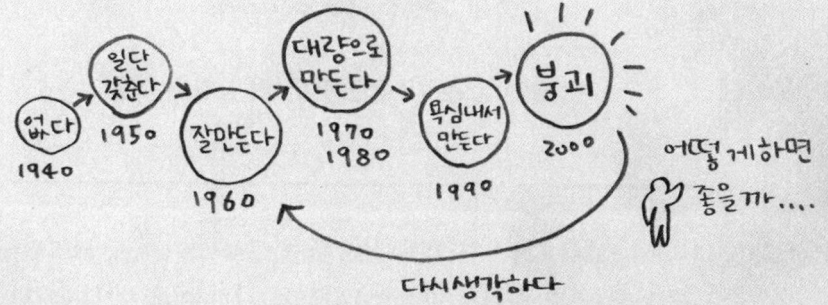

# Q

## 가게용품 디자인은?

### A1

**디자인 없는 디자인으로 일관한다.**

디앤디의 모체는 디자인 회사이고, 나는 그래픽 디자이너였습니다. 디앤디를 시작하면서 마음이 설레었습니다. 이제까지는 의뢰받은 디자인만 해왔는데, 디앤디는 내 가게이니 마음껏 자유롭게 디자인을 할 수 있을 것 같았죠. 하지만 '물건을 만들지 않는 것'을 원칙으로 삼는 재활용품점에서 새로운 디자인을 한다는 건 이상하다는 생각이 들었습니다. 그래서 쇼핑백 같은 물품을 제작할 때도 디자인을 하지 않기로 마음을 돌렸습니다.

개점 후 2~3개월은 여관에서 쓰다 버린 목욕 가운이나 폐업한 포목점의 천을 얻어와 회사에서 재봉질하여 쇼핑백을 만들었습니다. 디자이너로 활동하면서 직원이 일하는 틈틈이 만들었기 때문에 하루에 고작 몇 개밖에 못 만들었지만, 손님이 적어서 그걸로 충당할 수 있었습니다. 이어서 도입한 방식은 이미 한 번 사용한 다른 가게의 쇼핑백에 디앤디의 포장 테이프를 붙여 다시 사용하는 재활용 쇼핑백이었습니다. 현재 디앤디는 도쿄점을 비롯한 모든 지역점에서 이런 재활용 쇼핑백을 사용하고 있습니다.

실제로 매장에서 재활용 쇼핑백을 사용하자 불평하는 손님들이 많았습니다. 재활용 쇼핑백에 담긴 의도를 손님 한 사람 한 사람에게 설명했지만, 당시 10명 중 8명의 손님은 창피하니 보통 쇼핑백에 물건을 넣어달라고 했습니다. 그런 손님들 때문에 포장용품 도매점에서 민무늬의 흰 종이봉투를 사서 준비해두어야만 했습니다. 그러한 추억이 있는 쇼핑백 문제도 점차 재활용 쇼핑백으로 정착되었습니다. 환경문제에 대한 의식이 점점 높아진 시대적 변화도 큰 영향을 미쳤습니다.

재활용 쇼핑백 아이디어는 재미있었지만, 잘 실행될 수 있을지에 대해서는 스스로도 확신이 없었습니다. 이미 사용한 쇼핑백을 손님이 직접 가져다주어야만 하는 일이었기 때문이죠. 도쿄점 정도 규모의 점포에서는 하루 300~400개의 쇼핑백이 필요합니다. 그것도 크기별로 4~5종류가 필요하며, 무거운 것을 넣을 때에는 겹쳐 사용해야 합니다. 그만한 양의 쇼핑백을 과연 손님들에게만 의지해 확보하는 것이 가능할지 의문이었습니다.

그러나 실제로 쇼핑백 재활용이 궤도에 오르자 충분한 양의 봉투가 모였습니다. 계산대에서 간단히 요청하면 손님이 자발적으로 가져다줍니다. 지역점에서도 마찬가지였죠. 그동안 너나 할 것 없이 모두 쇼핑백이 처지 곤란이었던 것입니다. 그렇다고 쇼핑백을 가져오면 할인해준다고 한 것도 아닙니다. 아마 손님들도, 가져온 쇼핑백을 받아줘서 고맙다는 마음이었던 것 같습니다. 최근에는 "이 종이봉투가 좋아요"라든가, "이 포장 테이프는 살 수 없나요?"라고 묻는 손님이 있을 정도입니다.

'전하는 가게'에 특히 중요한 것은, 손님이 가게 활동에 참여하고 있다는 의식을 갖게 하는 것입니다. 재활용 쇼핑백은 손님과 가게를 연결해주는 수단이 될 수 있죠. 선물이나 결혼식 답례품을 주문하면서 재활용이 아닌 새 봉투에 담아달라고 요청하는 경우도 있습니다. 그래도 우리는 재활용 봉투를 사용하면 좋겠다고 이야기합니다. 한 번의 치장보다 의식의 변화를 독려하고 싶기 때문입니다. 작은 궁리에서 나온 것이지만, 이런 아이디어들이 매우 중요합니다.

---

A2

## 선물 포장도
## 재이용이 가능한 것을 활용한다.

---

'새 물건을 만들지 않는다'는 생각은 선물 포장에도 마찬가지로 적용됩니다. 디앤디의 선물 상자는 공장제 규격품 구두 상자입니다. 구두 상자는 유아용, 신사용, 부츠용 등 다양한 종류가 있기

참여의식을 상징한다

때문에 선물에 맞춰 크기를 선택할 수 있습니다. 이외에도 업소용 아이스크림 포장 용기 등을 선물 상자로 사용하고 있습니다.

자신에게 필요한 물건을 사는 것과 달리 선물은 상대방을 기쁘게 해주기 위한 것입니다. 그러니 화려한 선물 상자도 충분히 의미가 있습니다. 답례품을 넣을 예쁜 상자를 요청하면 디자이너로서 화려한 장식의 선물 상자를 만들어보고 싶기도 합니다.

그러나 디앤디가 추구하는 바는 그것과 다릅니다. 화려하게 장식한 상자일수록 한 번밖에 사용하지 못합니다. 재활용하기 쉬운 구두 상자나 아이스크림 용기는 그렇지 않습니다. 돈을 많이 들이면 아름답고 소중하게 간직하고픈 상자를 만들 수도 있습니다. 하지만 그것이 정답이라고 생각지 않습니다. 선물 상자는 단순한 모양의 기존 상자를 이용하되, 거기에 아름다운 리본을 더합니다. 그것이 우리가 고심한 끝에 얻은 결론입니다.

지방의 디앤디에서는 선물 상자로 적합한 것을 지역 내에서 발견할 수도 있습니다. 선물 상자는 다양한 방식으로 구비할 수 있습니다. 그것을 지역 제조업과 연결시킨다면 한층 더 멋진 일이 될 것입니다.

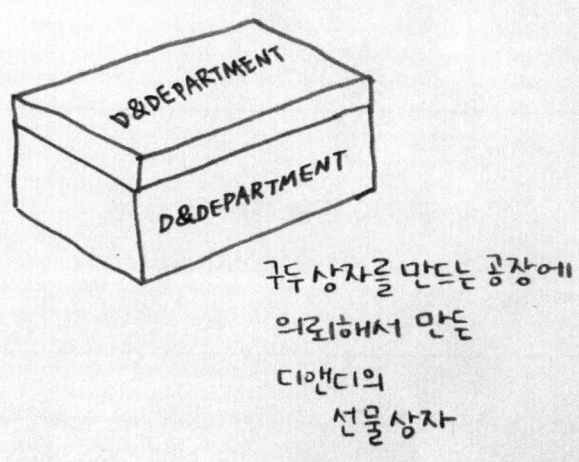

구두 상자를 만드는 공장에
의뢰해서 만든
디앤디의
　선물상자

# Q

## 웹 사이트에서 할 수 있는 일,
## 혹은 할 수 없는 일은?

### A1

### 웹 사이트를 통한 '장사'는
### 그다지 중요하지 않다.

재활용품점에서 발견한 좋은 디자인의 물건을 판매함으로써 롱 라이프 디자인의 가치를 넓히는 것이 우리의 목표였습니다. 이를 위해 최초로 한 일이 디자인 회사를 하던 시절에 웹 스토어를 만든 것이었습니다. 웹 스토어라고 해봐야 취미로 사둔 7점의 재활용품을 올려놓고서 "관심 있는 분은 연락주세요"라고 한 것이 전부였습니다. 그런데 막상 시작하니 의외의 호평을 얻어서, 결국 주말에 디자인 회사를 개방해 재활용품을 판매하기에 이르렀습니다. 손님이 늘면서 이왕이면 커피를 대접하자고 한 것이 오늘날 디앤디 카페의 기원이라 할 수 있습니다.

그러니 디앤디의 기원은 웹 스토어인 셈입니다. 생각을 전하기 위한 수단으로, 또한 직접적인 반응을 얻을 수 있는 미디어로, 인터넷은 매우 유효합니다. 그러나 웹에서 장사를 하겠다는 마음은 처음부터 조금도 없었습니다. 지금도 웹 스토어를 활동의 중심에 둘 생각은 전혀 없습니다. 다음과 같은 이유 때문입니다.

웹 스토어에서 물건을 사는 사람은 가게에 와서 물건을 사는 사람과 명백히 다릅니다. 길가에 있는 디앤디 가게에서 물건을 사 가는 손님 대부분은 역에서부터 먼 길을 걸어서 가게에 찾아오고, 매장 안에서 물건의 매력을 확인하고, 직원과 대화한 후에 돈을 지불합니다. 그러나 웹 스토어에서는 우리의 활동을 잘 모르는 사람도 쉽게 물건을 살 수 있습니다. 불만을 제기하는 손님도 웹 스토어 쪽이 더 많습니다. 매장에서는 애정을 가지고 손님과 대화하는 일이 가능하지만, 웹 스토어에서는 좀처럼 하기 어려운 일입니다.

## A2

### '활동'과 '장사' 간의 균형을 맞춘다.

현재 디앤디 웹 사이트의 목적은 활동 내용을 알리는 것, 그리고 가게에 올 수 없는 사람들을 위해 제품을 판매하는 것입니다. 이

두 가지의 균형을 맞추기 위해 우리는 계속 고민하고 있습니다. 활동을 알리는 내용의 분량을 늘리면 물건 구입이 어려운 사이트가 됩니다. 물건 구입을 쉽게 만들면 매상은 오르겠지만 그것은 디앤디다운 일이 아닙니다. 두 가지 요소를 분리해버리면 보다 쉬운 사이트가 되겠지만 정작 우리의 활동이 물건 판매와 직결된 것이라 그러기도 어렵습니다. 웹 사이트 운영과 장사의 균형을 맞추는 일은 정말로 어렵습니다.

애당초 웹 사이트라는 구조 자체가 '전하는 가게'의 존재 방식과 맞지 않는 것은 아닐까 하는 생각도 했습니다. '전하는 가게'는 가게와 지역의 결합을 소중하게 생각하고, 가게를 기점으로 사람과 물건의 관계를 활성화하는 곳입니다. 그러나 웹 사이트에서는 사람과 물건이 가상으로 연결됩니다. 요컨대 가게라는 실제 공간의 존재 의의가 사라져버리지요. 가게뿐 아니라 커뮤니티 활동을 하는 사람 대부분이 웹 사이트에 대해 고민할 것입니다.

예를 들어, 디앤디의 활동 내용이나 상품 정보는 모두 페이스북Facebook 같은 소셜 네트워크 서비스를 통해 전달하고, 판매는 라쿠텐樂天 등의 기존 전자상거래 서비스를 이용할 수 있습니다. 이렇듯 인터넷에 사이트를 만들지 않고 기존의 플랫폼을 활용해 활동하는 것도 앞으로 가능할 것입니다. 몇 가지 문제점이 있겠지만 그렇게 하면 일단 비용을 크게 낮출 수 있습니다. 지금은 현재의 디앤디 웹 사이트에 만족하고 있으나 '전하는 가게'의 웹 사이트 존재 방식에 대한 고민은 끊이지 않습니다.

계기가
되는
web

어디까지나
실제의
가게가 중심이 되어야 한다

## A3

## 시행착오를 거치며
## 블로그로 정보를 내보낸다.

우리 웹 사이트에서 손님과 가게를 연결하는 가장 중요한 통로는 블로그입니다. 각 지역점 직원이 최근의 활동과 입고된 상품에 대한 글과 사진을 블로그에 올립니다. 지역점을 낼 때도 준비 단계에서 본부 직원이 진전 상황을 블로그에 수시로 보고하고요. 장소 계약이 완료된 단계에서는 지역점 파트너에게 로그인 정보를 전해 스스로 글과 사진을 올리게 합니다. 주 1회 새로운 내용을 올리는 것이 이상적입니다. 이벤트는 모두에게 공개하는 것이 규칙이기 때문에 이벤트에 관한 글은 반드시 게재해야 합니다. 하지만 매번 잊지 않고 올리기가 실제로는 그리 쉽지 않습니다.

블로그의 내용과 문체에 관해서도 우여곡절이 많았습니다. 직원이 쓴 글이 너무 유치해서 각 지역점의 블로그를 연이어 중지시키기도 했습니다. 2010년 웹 사이트의 구조를 크게 바꾸면서 블로그를 부활시켰지요. 내용이나 문체, 예의에 너무 구애를 받으면 소통이 일어나지 않는다고 판단해 게재한 내용에 참견하지 않는다는 원칙을 세웠고, 지금까지 그것을 지키고 있습니다. 블로그 매뉴얼을 만든다 한들 평소 바쁘게 일하는 직원이 그것을 숙지하기는 어려운 일입니다.

디앤디다움을 블로그에 표현하기 위해서는 매뉴얼을 만들거나 본부가 감시하기보다 직원의 의사소통 수준을 높이려는 노력을 기울이는 게 더 중요합니다. 동료가 될 직원을 면접 단계에서 제대로 고르는 일도 중요하지요. 디앤디 시즈오카점의 높은 직원 수준을 가까이서 경험하고, 다시 한 번 그 중요성을 실감했습니다. 매뉴얼을 만들기보다 칭찬을 통해 서로 경쟁하면서 발전하는 편이 더 즐겁습니다.

## A4

### 웹 사이트의 글과 사진은 정직해야 한다.

디앤디 웹 스토어의 상품 설명은 가게 직원이 찍은 사진과 쓴 글로 구성됩니다. 상품 설명을 올리며 항상 주의하는 점은 상품을 실제 이상으로 보이지 않게 해야 한다는 것입니다. 멋진 이미지 사진을 올리는 것은 절대 금지입니다. 매장의 디스플레이와 마찬가지로, 화려한 꿈속의 물건처럼 보여줘 손님의 충동구매를 불러 일으키는 것은 성실한 자세가 아닙니다. 일전에 테이블과 의자를 함께 찍은 사진이 웹 스토어에 게재된 적이 있습니다. 자세히 살펴보니 낮은 테이블과 높은 의자를 조합해 찍은 사진으로, 실제로는 앉을 수 없는 상태였습니다. 하지만 함께 두면 멋져 보이니, 그냥 그렇게 찍어버린 것입니다. 나쁜 습관인데도 좀처럼 없어지지 않습니다.

한편, 글은 상품을 사용해본 직원이나 매입 담당자가 자신의 이름을 걸고 씁니다. 누구나 읽을 수 있는 곳에 글을 쓰는 이상 사회적 책임을 지라는 의미입니다. 전문 필자가 아니기 때문에 글을 잘 쓰는 것도 아니고 전문 지식도 별로 없습니다. 하지만 현장에서 물건을 취급한 경험을 살려 실감한 것을 그대로 전하려고 합니다. 물건을 실제 사용해보고 이해한 내용은 손님에게 매우 유익한 정보가 됩니다.

웹 스토어에서 물건을 많이 파는 가장 손쉬운 방법은 저렴한 가격을 제시하는 것입니다. 두 개를 사면 할인해준다거나 배송비가 무료라는 등의 조건은 소비자에게 매우 매력적입니다. 우리도 배송비 무료 행사를 한 적이 있는데, 확실히 매상이 크게 올랐습니다. 하지만 가격 경쟁에 발을 들이면 가격을 계속 낮출 수밖에 없습니다. 그럴 수는 없는 일입니다. 무료 배송이 아니면 사지 않겠다는 사람에게는, 눈물을 머금고 다른 가게에서 사라고 말할 수밖에 없습니다. 우리가 할 수 있는 일은 물건을 싸게 파는 것이 아니라 물건의 가치를 구체적이고 분명한 말로 손님에게 전하는 것이니까요.

## Q

## 가게에서 의미 있는 이벤트를 하는 방법은?

### A1

**이벤트는 공부하고 싶은 손님을 위해 기획한다.**

디앤디의 각 점포에서는 정기적으로 공부회와 이벤트를 개최하고 있습니다. 우리에게 물건의 배경에 있는 이야기를 전하는 일은 매우 중요한 활동입니다. 대개 참가비를 받지만, 운영에 필요한 실비 정도이며 가게 매상과는 관계없습니다. 도쿄점은 물론 전국의 지역점에서도 이러한 이벤트를 적극적으로 개최하며, 이는 하나의 규칙입니다.

'd공부회'는 2006년에 시작되었습니다. 물건 제작에 관한 것은 물론 쌀, 커피, 국물 재료 등의 음식 관련 내용부터, 라쿠고(만담), 오케스트라 연주 같은 문화적인 것까지 다채로운 주제를 다루었습니다. 그 방면의 전문가를 모셔 대담을 하거나 실연을 하기도 했습니다. 열 명 정도가 모여 공장 견학을 가기도 했고, 100명 이상의 규모로 이벤트가 진행된 경우도 있습니다.

공부회는 원래 직원을 위한 것이었습니다. 접객 예절과 상품 지식을 사내에서 공유하는 것이 목적이었죠. 그러던 중 가게의 단골손님들, 특히 우리 활동에 큰 관심을 보인 사람들이 공부회에 참가하고 싶다고 이야기했습니다. 그래서 '특별 참가'라는 제도를 만들었는데, 특별 참가생 수가 점점 늘어나 100명을 넘어서면서 별도의 시스템이 필요해졌습니다. 그런 과정을 거쳐 일반 손님에게도 이벤트를 알리는 현재의 'd공부회'로 정착되었습니다.

'전하는 가게'는 단순히 마음 맞는 사람들이 모이는 장소가 아닙니다. 디앤디의 경우 공부를 함께 하고 싶다거나 가게 활동에 참여하고 싶어 하는 손님들이 분명히 존재합니다. 우리는 물건을 팔고 장소를 제공할 뿐만 아니라 그러한 사람들을 위한 시스템을 제대로 만들고자 합니다.

---

### A2

## 의식을 높이는 활동은 매상으로 연결된다.

---

디앤디의 공부회에서 왜 국물 내는 요령을 배우는 걸까요? 왜 라쿠고를 보러 가는 것일까요? 그것은 우리가 취급하는 물건의 배

스스로
"공부하고 싶다"고
생각하는 사람들을
어떻게 모이게 만들까

경에 반드시 문화와 풍토가 있고, 그것부터 알아가는 것이 실로 중요하기 때문입니다. 디앤디에서 판매하는 옻칠 사발이 있습니다. 그것을 사는 사람은 일상생활에서 스스로 국을 끓여 먹지요. 국물을 내서 국을 끓여 먹는 생활은 느긋하고 여유 있게 살아가는 삶과 결부되어 있습니다. 클래식 음악이나 고전 라쿠고를 듣고 자연의 아름다움을 느끼며 시간을 보내는 방법을 몸에 익히지 못한 채 메마르고 바쁜 삶 가운데 그저 옻칠 사발을 소유하여 어쩌다 한번 사용할 뿐이라면 정말 슬픈 일입니다.

옻칠 사발을 만드는 제작 실연을 보고, 역사적 배경이나 제작 경위를 알고, 마음이 끌려 옻칠 사발을 구입했다 해도 실제 일상생활에서 사용하지 않는다면 물건의 진정한 의미를 알 수 없습니다. 100년을 사용할 수 있다는 옻칠 사발도 사용하지 않으면 쓰레기입니다. 그렇기 때문에 옻칠 사발이 있는 일상의 풍성함을 실감할 수 있도록 돕는 것이 중요합니다. 멀게 느껴지는 라쿠고 모임도 언젠가는 우리에게 주는 것이 있을 것입니다. 물론 직원들에게도 이러한 경험 축적은 큰 도움이 됩니다. 이 같은 생각을 바탕으로, 나와 직원이 '알고 싶은 것', '즐기고 싶은 것'을 공부회 주제로 선택해 순수한 마음으로 기획합니다.

강연을 해주시는 분이 거래처 사람이거나 가게의 손님인 경우도 많습니다. 도쿄점과 오사카점 등에서 노래를 해주신 테너이자와 아키노리#澤章典 씨는 오사카점의 손님입니다. 공부회를 통해 손님과 우리가 서로 겹치게 됩니다. 이 역시 '전하는 가게'가 중요하게 생각하는 것입니다.

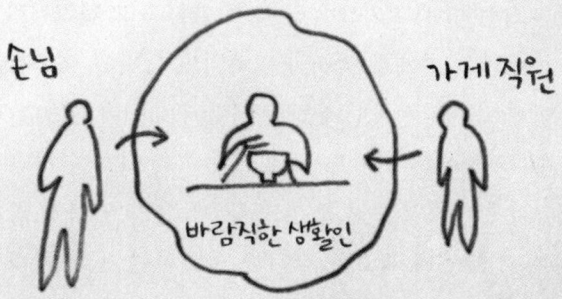

물건을 통해서
손님도
가게직원도
바람직한 생활에 관심을 기울인다

## A3

## 접점이 없는 사람들을
## 끌어들이기 위해 노력한다.

대개 공부회는 디앤디 가게에서 열립니다. 공장 견학처럼 외부로 나가는 경우에는 가게를 임시 휴업하기도 합니다. 이벤트 도중뿐 아니라 이벤트의 전후에도 상당한 시간과 노력이 필요합니다.

해질녘 카페에서 이벤트를 열고 이후에 파티를 하려면 카페는 오후 3시에 마지막 주문을 받고 4시에 문을 닫아야 합니다. 의자를 옮기고 행사에 필요한 장비를 설치하는 등의 준비는 물론 행사가 끝나고 나면 뒷정리도 해야 합니다. 그 시간 동안 매상은 없습니다. 매일의 매상으로 운영되는 가게이니 손실이 큽니다. 따라서 이벤트가 일찍 끝나면 저녁 영업을 위해 서둘러 복구해야 합니다. 순조롭게 매상이 오른 달인데도 웬일인지 적자가 나서 이유를 조사해보니, 공부회가 그 원인인 경우도 있었습니다.

그러나 공부회나 이벤트는 접점이 없는 사람들이 디앤디에 오게 할 수 있는 좋은 기회입니다. 최근에는 트위터나 페이스북을 통해 이벤트 정보가 한순간에 퍼집니다. 우리 가게를 잘 모르는 사람이나 우리의 활동에 별다른 관심이 없던 사람도, 이벤트는 내용에 따라 흥미를 보이는 경우가 있습니다. 그래서 공부회는 주제에 따라 참가자가 크게 달라집니다. 거의 매번 오는 사람도 있고, 가게 가까이 사는 사람이 간혹 들르기도 해서 더 재미있습니다.

　디앤디 가게는 사람들이 찾아오기 어려운 위치에 있습니다. 그럼에도 사람들이 모이게 만들기 위해서는 공부회의 수준을 높여야 합니다. 주제가 좋으니 사람들이 오겠거니 안심하고, 열심히 알리지 않으면 유감스러운 결과를 낳습니다. 이미 존재하는 커뮤니티에 기대지 않고 직원 전원이 커뮤니티를 넓혀간다는 의식을 가져야만 비로소 사람들이 모이는 곳이 될 것입니다.

## A4
## 손님이 참여할 수 있는 여지를 만든다.

앞서 말했듯이, 'd공부회'는 직원을 위한 공부회에 손님이 참가하기 시작하면서 만들어졌습니다. 보통 가게에는 얼굴을 기억하지 못할 정도로 가끔 오는 손님, 얼굴을 알 정도로 자주 오는 손님, 그리고 매우 친한 단골손님이 있습니다. 그러나 디앤디에는 보통의 단골손님보다도 훨씬 더 가까운 특별한 단골손님이 있습니다. 공부회에 참가하고 싶다고 요청한 것도 그런 특별한 손님이었습니다.

　그들은 직원도 아니고 지역점 준비 요원도 아니지만, 디앤디를 중심으로 한 커뮤니티에 매우 큰 영향력을 가지고 있습니다.

공부회 등의 이벤트에 자주 참여하고, 질의응답 시간에는 가차 없는 질문을 해댑니다. 우리가 올리는 정보도 바지런히 보고, 가게에서 취급하는 물건이나 서비스에 대해서도 적극적으로 의견을 말합니다. 어느 유명 패션 브랜드의 옷을 도쿄점에서 팔았을 때는 불만을 토로하기도 했습니다. 그것도 여러 사람이 같은 이야기를 했습니다. "아오야마青山◆에서나 팔 만한 것을 왜 취급합니까. 당신들은 창의적으로 새로운 틀을 생각하는 사람들 아닙니까"라는 불만이었습니다. 우리는 그 주장에 수긍하고 바로 판매를 중단했습니다.

이러한 손님들은 독자적인 모임을 만들어 디앤디의 방향성에 관한 이야기를 나누고 공장 견학도 가곤 합니다. 그러한 모임에 지금은 디앤디 직원도 합류하여 함께 이야기를 나누거나 활동하기도 합니다. 어느 지방에 디앤디가 생기면 좋겠다거나 특정 지방에 디앤디를 만든다면 가게 장소 물색에 동참하겠다는 등의 구체적인 제안을 하기도 합니다. 그들은 우리의 활동을 정말로 잘 지켜보고 진심으로 함께 고민해줍니다. 이런 사람들이 커뮤니티를 지탱하고 또 주도하는 것입니다.

'전하는 가게'는 이처럼 손님들이 참여할 수 있는 여지가 있어야 합니다. 가게가 주체가 되어 활동하는 부분이 60~70%이고 나머지는 손님이 참여해 만들어가는 형태가 이상적입니다. 이 60~70% 안에서 가게를 운영하면서 임대료와 인건비를 지불하고

---

◆ 세계적 건축가가 설계한 최고급 브랜드 상점과 고급 레스토랑 등이 밀집한 도쿄의 거리.

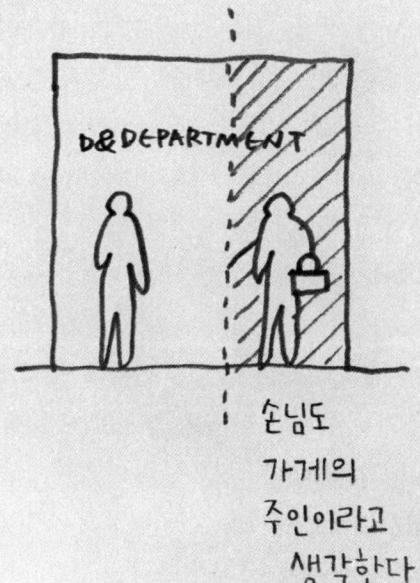

손님도
가게의
주인이라고
생각한다

수입을 올려야 하는 것입니다. 이제부터는 커뮤니티를 중심에 둔 체제를 한층 더 강화하여 가까운 손님들의 활동 영역을 더욱 넓혀갈 예정입니다. 지금도 이미 «d 디자인 트래블»지는 본부와 지역점 직원뿐 아니라 손님으로 만난 이들을 비롯한 다양한 지역 사람들과 함께 제작하고 있습니다.

이러한 커뮤니티가 가진 힘은 디앤디 활동의 핵심입니다. 그래서 디앤디의 비영리 법인화를 고민하기도 했습니다. 그러나 비영리 법인의 실정을 알고 나서 가게를 만들어 활동하는 편을 선택했습니다. 가게 운영은 스스로 돈을 다루는 위험 부담을 떠안는 것인데 그 편이 비영리 법인보다 더 현실성이 있고 그래서 사람들이 모이는 것이라고 생각했습니다.

가게에 사회적인 생각이 깃들어 있으면 처음에는 손님으로 찾아온 사람도 점차 참여하고자 하는 마음이 커지고, 그러다 보면 가게가 그냥 가게로 보이지 않게 됩니다. 이렇게 가게 손님을 넘어선 사람들은 실상 좀처럼 물건을 사주지 않습니다. 이는 우리와 함께 사회적인 활동을 하고 싶은 마음이 크기 때문입니다. 디앤디의 상품은 어디까지나 사회적 활동의 결정판과 같은 것으로, 물건을 파는 일은 결국 사회적 생각을 전하고 사회적 활동을 넓혀가는 일을 거드는 것입니다.

# Q

## 자신의 지역에 사람들을 불러들이기 위해서는 어떻게 하면 좋을까?

A1

### 디자인의 관점에서
### 관광 안내를 할 수 있는 가게를 만든다.

47도도부현에 디앤디를 만들고자 했을 때, 각 지역점이 관광 안내소의 기능을 하면 좋겠다고 생각했습니다. 지방 여행을 가서 우선 디앤디에 들르면 디앤디가 선별한 최신의 관광 정보를 얻을 수 있어 좋다는 인식을 심어줄 수 있는 구조를 만들고자 했습니다. 그래서 각 지역점에 '음식', '차', '숙박', '살 만한 물건', '관광', '사람'에 관한 여섯 권의 파일 놓아두기를 구상했습니다. 각 파일에 실린 내용은 ≪d 디자인 트래블≫지의 지역 특집호에 게재된 기사입니다. 여기에 직원이 선별한 정보를 추가해서 지속적으로 파일의 내용을 업데이트합니다. 또한 여행객이 물으면 선별한 것을 추천할 수 있도록 합니다. 그런데 지역점 직원이 너무 바빠서 파일 내용을 갱신하는 데까지 손이 미치지 못한다는 문제가 발생했습니다.

그래서 지금은 'd전단지'라는 이름으로 A4 양면을 활용한 인쇄물을 매장에서 배포하고 있습니다. 'd전단지'의 기본 형식은 본부에서 만들고 그 위에 각 지역점이 상품, 이벤트, 지역 정보 등을 게재합니다. 기획 취지에 입각해 지역점 직원이 취재하고, 글을 쓰고, 사진을 찍고, 게재하는 방식입니다. 그와 같은 일련의 작업들을 모두 지역점 스스로 할 수 있게 되는 것이 최종 목표입니다. 'd전단지'의 발행은 월 1회 정도입니다. 발행에 고전하는 지역점이 있는가 하면, 시즈오카점과 같이 'd전단지'와 연동하여 지역 지도를 만들고 자전거 임대 서비스까지 시작한 곳도 있습니다.

요즘 젊은 세대는 여행하면서 유명한 관광 명소를 찾지 않습니다. 그 지역과 밀착된 것, 혹은 지역 사람들에게 사랑받는 것을 찾아다닙니다. 잊어서는 안 되는 것은, 디자인의 관점에서 지역의 제조업을 바라보아야 한다는 사실입니다. 그렇게 함으로써 보다 많은 사람이 지역의 매력을 알아차릴 수 있을 것입니다.

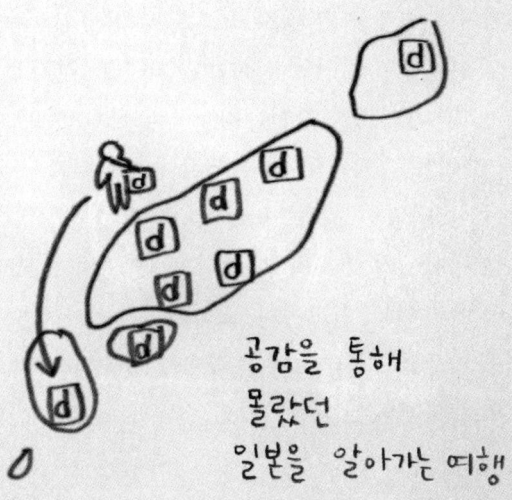

A2

## 잡지를 통해 사람들의 반경을 넓혀간다.

디자인과 여행을 주제로 한 잡지 《d 디자인 트래블》은 2009년에 창간한 잡지입니다. 이 잡지의 전신은 롱 라이프 디자인을 주제로 한 소책자 《d 롱 라이프 디자인d long life design》입니다. 소책자를 통해 기른 롱 라이프 디자인에 대한 생각에 여행이라는 커다란 주제를 보태서 《d 디자인 트래블》로 재탄생시킨 것입니다. 47도도부현을 1년에 세 곳씩 취재하고, 각각을 한 권의 책으로 만듭니다. 지금까지 홋카이도, 가고시마, 오사카, 나가노, 시즈오카, 도치기, 야마나시, 도쿄, 야마구치의 특집호를 냈습니다. 앞으로는 여행을 중심으로 지역의 라이프스타일 전체를 다루는 잡지로 발전시키고 싶습니다.

《d 디자인 트래블》은 지역의 '개성'을 전국으로 전파하는 것이기에, 만들 때 지역점 직원의 도움이 많이 필요합니다. 각 지방의 《d 디자인 트래블》 제1호는 본부 주도로 만들었지만, 이후에는 편집 방침과 노하우를 지역점에 알려줘 제2호, 제3호를 내도록 할 생각입니다. 홋카이도점에서는 이미 홋카이도판 제2호의 발간 이야기가 진행되고 있습니다. 지역점의 직원들은 사진을 찍고 글을 쓰는 일에 대부분 초짜입니다. 《d 디자인 트래블》의 제작 경험을 통해, 정보를 전국으로 내보낼 때의 자세나 소통 방법

지역의
개성을
전국공통의
감각으로 전한다

을 배울 수 있길 바랍니다.

　전통이나 풍토와 같은 지역의 개성을 지역 밖 사람들에게 전하는 태도와 방법을 습득하는 것이 «d 디자인 트래블»지의 목표입니다. «d 디자인 트래블»을 만드는 것은 지역의 매력을 알리는 일을 하기 위한 일종의 의식 개혁이라 할 수 있죠. 또한 «d 디자인 트래블»지는 발간 후 전국 서점에 놓여 팔리게 됩니다. 그러므로 이는 활동인 동시에 상품 제작입니다. 그리고 잡지에 게재된 작가나 제작자, 가게 등에 독자와 편집부가 연 1회 재방문하는 '빙글빙글투어ぐるぐるtour'를 통해 소통을 계속 이어갑니다. 이렇듯 잡지를 통해서 디자인을 축으로 사람들의 반경을 넓혀가고자 합니다.

## Q

# 디앤디 만들기에 대한 생각을
# 전하기 위한 방법은?

## A1

### 3년에 한 번씩 그간의 활동을 정리하여
### 책으로 출간한다.

디앤디의 활동을 정리한 책을 2002년부터 약 3년에 한 권씩 출간하고 있습니다. 책을 통해, 미숙했던 부분을 포함해 디앤디가 어느 방향으로, 어느 정도의 속도로 달리고 있는지를 모두 밝혔습니다. 이를 계기로 최종 지향점인 롱 라이프 디자인에 관심을 보이는 사람이 늘어가는 것이 가장 기쁜 일입니다.

맨 처음 낸 책은 《정직한 디자인만이 재활용될 수 있다Only Honest Design Can be Recyclable》(엑스날리지エクスナレッジ, 2002년)입니다. 진정한 디자인만이 재활용될 수 있다는 메시지를 제목으로 삼았

습니다. 지금 보면 글도 사진도 부끄럽습니다. 우리에게는 감개무량한 책이지만 다른 사람들에게는 이해하기 어려운 내용이었을지도 모릅니다. 그런데도 책이라는 형태에 집착해온 이유는 디앤디가 장사를 넘어서는 '활동'이라면 그것을 사회에 알려야 한다고 생각했기 때문입니다. 우리의 활동은 새로운 물건을 만들지 않는다는 게 기본 원칙입니다. 우리의 생각 자체가 상품이니 그 생각을 책이라는 상품으로 발표하는 것이고요.

3년 주기로 책을 내는 것에 큰 의미가 있지는 않습니다. 다만 자신들의 활동이 책으로 세상에 나오는 것을 디앤디 직원 모두가 항시 의식하고 있습니다. 가게 안을 사진 찍어두는 일은 습관이 되었고, 이벤트를 할 때는 기록반이나 사진반이 결성됩니다.

우리의 책은 디자인을 축으로 디앤디 같은 '전하는 가게'를 하고 싶어 하는 사람들에게 큰 도움이 될 것입니다. 서툴렀던 부분까지 포함하여 우리의 활동 궤적을 모두 모은 것이니까요. 우리도 처음에는 매우 서툴렀는데, 그 서투름이 오히려 다른 이들에게 격려가 될 것입니다. 우리의 경험이 여러 사람들에게 잘 쓰이길 바라는 마음입니다.

> D&DEPARTMENT
>
> Only honest design can be recyclable

활동은
 기록으로
확실히 남긴다

## A2

### 우리의 생각을 소중히 여기는 책을 만든다.

책을 만드는 주체는 우리 자신입니다. 사실 잡지를 비롯한 여러 언론 매체의 취재를 통해 우리의 활동이 널리 알려진 바 있습니다. 그러나 언론 매체의 기사들은 편집자가 그들의 편집 방침에 따라 걸러낸 내용으로 각색됩니다. 물론 그렇게 알리는 일도 필요하지요. 하지만 혹여 독자에게 세련되게 잘 전달하지 못한다 할지라도 우리의 말로, 우리의 방법으로 무언가를 남기는 일이 더욱 중요하다고 생각합니다.

그렇다고 자비로 책을 출판하는 것은 아닙니다. 그간의 책들은 각기 다른 출판사에서 제작, 발행했습니다. 우리의 생각을 책으로 냈을 때 사회가 어떻게 받아들일지를 출판사가 전문가로서 판단해주기를 바랐기 때문입니다. 또한 사진을 더 넣자든가, 이러면 팔리지 않는다든가 하는 등의 다양한 의견을 출판사가 제시해주기도 하는데, 그러한 의견들은 기본적으로 받아들이는 편입니다. 단지 책을 많이 팔고 싶어서 그런다기보다 전문가들의 의견을 수렴해 출판사라는 전문적인 통로를 통해 만들면 사회에서 좀 더 잘 기능할 것이라고 생각하기 때문입니다.

매번 출판사를 바꾼 것은 우리의 생각을 상대방에게 맨 처음부터 설명해서 이해시키고 싶었기 때문입니다. 신념을 이해시키

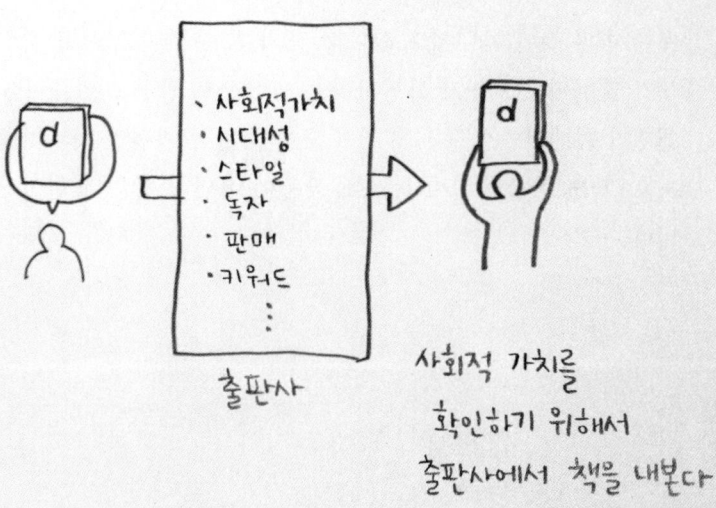

는 것이 중요하지, 우리 멋대로 만들고 싶은 책을 만드는 자유가 중요한 것이 아니라는 데에 그 이유가 있습니다. 이는 책을 내는 근본적인 이유와 일맥상통하는 것이지요. 같은 출판사에서 계속 책을 내면 두 번째 책부터는 설명을 줄여도 되는 장점이 있지만, 일부러 다른 출판사를 찾아다닙니다.

출간된 책은 서점에 놓이는 물건이니 우리의 것이면서 동시에 우리의 것이 아니기도 합니다. 내가 쓴 부분이 많아도 직원 전부가 필자이고 모두가 사진사라는 마음으로 만들고 있습니다. 디앤디가 가게이면서 동시에 가게가 아닌 활동 거점인 것과 마찬가지로, 책도 상품이면서 동시에 상품이 아닌 활동의 표현인 것입니다.

## Q

## 알아두어야 할
## 홍보 방법은?

### A1

**전국을 상대로 전파한다는 의식을 가진다.**

'전하는 가게'가 정보를 전하는 데에 홍보의 역할은 매우 중요합니다. 지역 내에서만 정보를 전한다면 손님의 입에서 입으로 전달되는 방식이나 전단지 배포만으로도 충분한 효과가 있을 것입니다. 그러나 지역을 넘어서 전국적으로 사람들을 불러들이기 위해서는 보다 많은 사람들에게 신뢰도 높은 정보를 제공하는 언론 매체 힘을 잘 활용해야 합니다. 블로그나 소셜 네트워크 서비스의 활용과 더불어 언론 매체에 스스로를 노출시키는 요령이 필요합니다.

예를 들어 개최 예정인 이벤트에 대한 보도 자료는 최소 2개월 전에 기자나 편집자에게 보내야 합니다. 전달 시점뿐 아니라 정보의 전달력, 분량, 문체 등에서도 어떻게 하면 관심을 끌 수 있을지 궁리해야 합니다. 디앤디 본부는 지역점이 독자적으로 홍보를 시작하는 시기에 맞춰 보도 자료 만드는 법을 상세히 지도합니다. 매일 업무를 보면서 동시에 홍보 활동을 하는 것은 만만치 않은 일입니다. 그러나 디앤디와 함께 해나가면 결국 요령을 터득하여 점차 잘할 수 있게 됩니다.

보도 자료를 비롯해 지역점이 전국으로 정보를 전하고자 할 때 가장 중요한 것은 지역적 문맥을 잘 살리는 것입니다. 같은 지역 사람들끼리는 굳이 설명하지 않아도 되는 지역적 문맥을 다른 지역 사람들은 잘 모릅니다. 타 지방 사람은 잘 모르고 지역 사람들만 아는 것이 생각보다 매우 많습니다. 그런데 도쿄 같은 곳에 사는 사람의 입장에서는 그 차이야말로 지역 특유의 재미로 느껴집니다. 지역의 문화를 스스로 객관적으로 파악하여 전하기 위해서는 노력이 필요합니다. 보도 자료를 아무리 잘 만들어도 단순히 새로운 소식을 전하는 것이라면 의미가 없을 뿐 아니라 언론에서도 주목하지 않습니다. 디앤디 지역점은 도쿄점의 관점을 항상 주의 깊게 살피는 것이 좋습니다. 자신의 지역을 전국에 알리기 위해서는 도쿄 같은 장소나 네트워크와 동조하는 것도 매우 중요한 일입니다.

A2

## 일시적 유행을 노리지 않고, 전해야 할 사람들에게 분명하게 전한다.

디앤디 본부는 각 지역점의 홍보를 겸하고 있습니다. 도쿄에 있는 잡지사가 지역점을 취재하고 싶어도 현지 가게와 연결해줄 통로가 없다거나, 혹은 현지까지 갈 정도의 시간과 돈이 없기도 합니다. 그럴 경우에 본부의 홍보 담당자가 양자 사이의 매개 역할을 합니다. 지역점에서 보낸 정보가 언론 매체에 정확히 도달하는지도 장담하기 어려운데, 이럴 때도 본부에서 도움을 주지요. 보도 자료의 형식을 넘어서 본부가 지역의 개성을 정리 정돈해 내보냄으로써 게재가 실현되는 경우도 있습니다.

현재 본부에서 보도 자료를 보내고 있는 언론 매체는 약 300군데입니다. 이는 디앤디의 활동 정보를 내보내는 곳의 숫자입니다. 신상품 정보를 보내는 곳은 약 150군데입니다. 홍보의 측면에서는 상당히 적은 숫자입니다. 이 역시, 디앤디가 추구하는 롱 라이프 디자인이 유행의 힘을 빌리지 않는다는 사실과 연관이 있습니다. 홍보 활동과 모순으로 보일 수 있지만 지나치게 널리 알려지면 결국 일시에 소비되어버리고 이후에는 거들떠보지도 않게 될 가능성이 높아진다는 생각에 기인한 것입니다. 닥치는 대로 많은 사람들에게 알리기보다 전해야 할 사람들에게 제대로 된 기사를 통해 분명하게 전달하고 싶은 것이지요. 기사가 실렸다고 무조건 기뻐하기보다 우리의 활동과 상품을 차분히 넓혀 가고 또 육성하고자 합니다. 디앤디가 굳이 안 좋은 위치에 가게를 내는 이유도 마찬가지이고요.

상품 홍보를 잘못하는 경우도 있습니다. 가리모쿠60이 트렌드가 되어 크게 성공하는 바람에 디앤디가 가리모쿠 전문점으로 여겨지던 때가 있었습니다. 물론 많이 팔리면 기쁘기도 합니다. 그러나 가리모쿠 판매가 중심이 되고 디앤디의 활동이 끌려가는 관계가 되면 본말전도의 상황으로 치닫는 것이지요. 만약 가리모쿠60이 "재작년에 유행했지"라는 소리를 듣는다면, 더 이상 롱라이프 디자인이라고 할 수 없습니다. 그것이야말로 가장 피하고 싶은 일이지요. 그래서 어느 시점부터인가 가장 잘 팔리는 상품인 가리모쿠60의 매장 점유 공간을 줄이고 있습니다.

일반적인 기업은 상품이 잘 팔리기 시작하면 정신을 못 차리고, 조금이라도 매상이 줄면 '이제 팔리지 않는다'고 생각하기 쉽습니다. 물건이 유행 상품이 되면 제작자와 판매자가 속도 조절을 못하게 되고, 이는 디자인 사이클의 붕괴로 이어집니다.

한편, 아사히 신문이나 요미우리 신문 같은 전국 규모 신문에 상품이 문의처와 함께 소개되는 것도 피하고 있습니다. 상품의 배경과 가치에는 아무 관심 없는 주문 전화가 빗발치기 때문입니다. 그런 전화를 받으며 제대로 소통하고 우리의 생각을 전하는 것은 거의 불가능합니다. 그러나 전시회 같은 이벤트에 관한 기사는 불특정 다수의 사람들에게 우리의 활동을 알릴 수 있는 기회

가 되기에 기쁘게 환영합니다. 요컨대 경험을 살려 적절히 대응하지 않으면 장기적인 미래를 꿈꿀 수 없습니다.

우리를 포함해 '전하는 가게'라면 어디나 그렇겠지만 유명 브랜드나 체인점과 같이 돈을 들여 광고를 할 수 있는 여유가 없습니다. 그러므로 잡지에 게재되거나 언론의 취재 대상이 되는 것은 커다란 기회입니다. 정당한 평가를 받아 우리의 메시지를 언론이 만든 이미지를 통해 전할 수 있기를 바랍니다. 디앤디 본부는 이러한 언론 환경을 만들어 전 지역점에 도움을 주어야 할 책임이 있습니다.

단순히
많은 사람들에게
알리려는 것이 아니다.
알고 싶어하는 사람에게만 알리면 된다

# Q

## 가게와 손님의
## 이상적인 관계란?

---

**A1**

### '손님은 왕'의 시대가 아니다.

---

'손님이 왕'인 시대는 이미 끝났습니다. 만약 디앤디에 자신이 왕이라고 생각하는 손님이 있다면 그렇지 않다고 분명하게 말할 수 있습니다. 손님에게 틀렸다고 꾸짖다니 엄청난 실례가 아니냐고 한다면 디앤디는 원래 그런 가게이니 다시 오지 않아도 좋다고 말할 겁니다. 그러한 의식을 가지고 가게를 운영하며, 그러한 의식을 지닌 가게가 늘어나지 않으면 사람들의 의식 수준도 달라지지 않을 것이라고 생각합니다. 손님에게 불평을 듣지 않는 것이 우선이라면 아무것도 제안할 수 없습니다. 우리가 가게를 통해 하고 있는 활동은 단순히 손님을 위해서가 아니라 손님과 함께 상황

을 변화시키기 위한 것입니다.

돈이 많지 않으면 행복하지 않다는 생각이 팽배한 세상이다 보니 일단 많이 파는 것이 모든 일의 대전제입니다. 장사치든 정치가든 모두 마찬가지입니다. 그런데 거래든 사업이든 파는 행위의 최전선은 바로 파는 장소입니다. 그러므로 판매하는 곳에서 강한 의지를 가지고 "당신에게는 팔지 않겠습니다"라고 단호하게 말할 수 있고, 그래서 무엇이든 돈만 지불하면 간단히 손에 넣을 수 있는 세상이 아니라는 것을 알린다면, 사회는 크게 달라질 것입니다. 극단적인 말이었지만 매장의 자세가 그 정도로 중요하다는 것을 이야기하고 싶었습니다. 주인 말투는 험해도 음식 맛은 기가 막힌 음식점들이 옛날에 종종 있었습니다. 물건을 파는 가게도 그런 때로 돌아가는 편이 더 건강할 것 같습니다.

가게 위치를 불편한 곳에 잡는 것도 그러한 자세를 다지는 첫걸음이라 할 수 있습니다. 불편한 위치에 있는 가게에는, 아무 생각 없이 불쑥 들렀다가 직원의 태도가 마음에 들지 않는다며 돌아가는 손님이 거의 없습니다. 이러저러한 활동을 하는 가게임을 알고 일부러 왔다는 손님이 대부분입니다.

회원제를 도입해 취지를 이해하는 사람들만을 위한 가게를 하는 편이 낫지 않겠느냐는 말을 개점 때부터 들었습니다. 아예 완전 예약제로 운영하면 어떻겠느냐고도 했지요. 그렇다면 물건을 판매하는 형태가 아니라 대여하는 형태로 전환할 수도 있을 겁니다. 롱 라이프 디자인의 일상용품을 회원이 필요할 때 빌려 쓰게 하는 시스템이 되겠지요. 하지만 우리가 매장의 형태를 선택한 데에는 몇 가지 이유가 있고, 또 세상을 한 단계 향상시킬 필요가 있다고 느꼈기 때문입니다. 디자이너에 의한 디자이너를 위한 가게에 그치면, 우리의 생각을 세상 밖으로 확산시킬 수 없다고 생각했습니다.

'전하는 가게'를 누구라도 장애물 없이 가벼운 마음으로 모일 수 있는 장소로 여길 수도 있을 겁니다. 만약 그것이 '전하는 가게'의 정의라면 디앤디는 거기에 해당하지 않습니다. 우리는 손님을 위해서가 아니라 세상을 위해서 행동하고 싶기 때문입니다.

일본의 제조사들 가운데 창업자가 사업을 성공시키고 2대가 그것을 이어받았으나 3대로 내려온 지금은 회사의 방향을 고민하는 경우가 많습니다. 위의 두 세대가 쌓아온 것이 사회 경제가 변화하면서 잘 돌아가지 않게 된 것이지요. 다음 4대로 가업을 계승할 시점에 이르러, 새로운 것을 창출하기 위한 근원으로 재검토해볼 것이 바로 '60비전'입니다. 물건을 파는 입장이긴 하지만 우리도 1960년대의 의연한 태도를 배워야 합니다. 그것이 현시대에 커뮤니티 중심의 '전하는 가게'를 하는 우리의 책임이라고 생각합니다.

# 제3부
# 디앤디파트먼트를 체험하다

체험담 1

# 디앤디파트먼트
# 프로젝트 준비 중

**디앤디파트먼트 프로젝트 야마나시**山梨**점**
**이와시타 아키라**岩下明**(야마나시니치니치 신문·야마나시 방송그룹**
**경영전략국 차장)**

2013년 6월 디앤디파트먼트 프로젝트(이하 디앤디)의 새로운 지역점이 야마나시 현 고후甲府 시에 탄생합니다. 야마나시점의 운영 주체는 창립 140주년을 맞이하는 야마나시니치니치 신문·야마나시 방송그룹입니다. 다수의 기업을 보유하고 대대로 이어내려온 회사이며 지역사회와 이미 깊은 관계를 맺고 있어서 이제까지의 지역점과는 조금 다른 경험을 가지고 있다고 할 수 있습니다. 그러나 문제의식의 측면에서는 다른 지역점과 다를 바 없습니다. 새로운 유형의 '전하는 가게'가 여기서 시작됩니다.

야마나시니치니치 신문·야마나시 방송그룹은 2012년 설립 140주년을 맞았습니다. 그리고 이에 맞춰 디앤디 야마나시점을 시작합니다. 장소는 그룹의 계열사들이 입주해 있는 야마나시 문화회관입니다. 국제적인 건축가 단게 겐조丹下健三의 대표작 중 하나인 야마나시 문화회관은 1966년에 지은 건물로 고후 역 북쪽 출구에서 걸어서 3분 정도의 거리에 있습니다.

야마나시 문화회관은 지역 사람들이 가까이 할 수 있는 교류의 장소를 목적으로 설계된 건물입니다. 그러나 약 반세기의 세월이 흐르는 동안 건물은 점점 닫힌 장소가 되어버렸습니다. 언론

**야마나시니치니치 신문·야마나시 방송그룹**
1872년에 고후 시에서 창업한 야마나시니치니치 신문사와 TV·라디오를 운영하는 야마나시 방송을 중심으로 한 그룹. 광고대행사와 여행사 등을 포함해 15개 사로 구성되어 있으며, 그중 신문사는 현 내 압도적인 구독률을 자랑하는 야마나시니치니치 신문을 발행하고 있다. 그룹 본사가 있는 야마나시 문화회관은 단게 겐조가 설계한 것으로 메타볼리즘Metabolism 건축의 대표작으로 알려져 있다. 경영전략국 차장인 이와시타 아키라 씨는 최근 야마나시 문화회관의 리뉴얼을 맡아 진행했다.

기업이기에 보안 체제를 강화하다 보니 그렇게 되었지만 매우 안타까운 일입니다. 그래서 창립 140주년을 계기로 단게 겐조의 이념을 회복하고자 건물의 1층과 2층을 새로이 단장하게 되었습니다. 공사는 단게 도시건축설계사가 맡았습니다. 1층은 누구나 자유롭게 모일 수 있는 공간으로 꾸미고, 2층에는 디앤디와 카페를 만들기로 했습니다.

최근 고후 시에서는 다른 지방도시와 마찬가지로 도넛 현상이 진행되고 있습니다. 고후 역 남쪽 출구 부근에 사무실 건물들이 늘어선 번화가가 있긴 하지만 예전과 같은 활기가 없습니다. 도쿄행 교통편이 좋아지면서 주말에도 많은 사람들이 도쿄로 놀러 나갑니다. 그러나 고후 역 북쪽 출구에 현립 도서관이 2012년 11월 개관하면서 새로운 인파의 흐름이 생겨나고 있습니다. 야마나시 문화회관은 이 도서관과 인접해 있고, 그렇기 때문에 문화를 전파하는 '전하는 가게'가 지역에 분명 좋은 영향을 미칠 수 있을 것이라 생각했습니다.

디앤디 지역점을 내기로 한 데에는, «d 디자인 트래블»지 야마나시 특집호를 준비하던 나가오카 겐메이 씨에게 야마나시 문화회관을 보여드린 것이 계기가 되었습니다. 이후 이야기를 나누면서, 디앤디의 활동과 취지에 깊이 공감하게 되었습니다. 그래서 디앤디 가게를 함께 시작할 뿐 아니라 이번 리뉴얼 사업의 자문을 맡아주시길 나가오카 씨께 부탁드렸습니다.

우리가 디앤디에 가장 공감하는 부분은 디앤디의 바탕인 롱 라이프 디자인에 대한 생각입니다. 그것은 지금까지 이어온 것을 현재의 시점에서 받아들여 미래로 전달하는 일이라고 생각합니다. 예를 들어 야마나시 문화회관은 역사적 가치가 있는 건축물이지만 그룹 직원을 포함해 그 가치를 아는 사람이 별로 없습니다. 140주년을 맞이한 해에 디앤디를 시작하는 것은 다름 아닌 야마나시 문화회관을 롱 라이프 디자인의 하나로서 조명하는 일이기도 합니다.

카페는 이 지역 사람으로 와인에 조예가 깊은 오오키 다카유키大木貴之 씨가 운영하는 '포 하츠 카페Four Hearts Cafe'를 들일 생각을 하고 있습니다. 오오키 다카유키 씨는 우리에게 나가오카 씨를 소개해준 분입니다. 야마나시 현의 고슈甲州 와인은 전국적으로 인기가 높습니다. 하지만 고후 시내에서 우리 지방 와인을 맛있게 마실 수 있는 가게는 그리 많지 않습니다. 우리 카페는 와인과 함께 지역의 식자재를 사용해 와인에 어울리는 요리를 만들어 제공할 생각입니다. 그럼으로써 음식을 통해 야마나시의 매력을 널리 알릴 것입니다.

또한 디앤디의 일원이 된 이상, 롱 라이프 디자인의 가치를 널리 알리는 이벤트와 공부회도 적극적으로 개최할 생각입니다. 야마나시니치니치 신문·야마나시 방송그룹은 이미 다양한 이벤트와 홍보 활동을 수행한 경험이 있고, 기획에 능하며, 사람들이 모일 장소도 마련되어 있습니다. 우리와 같은 언론 기업이 디앤디를 함으로써 지역 활성화의 새로운 가능성이 생겨날 수 있습니다.

현시점의 가장 큰 과제는 점장과 직원을 뽑는 일입니다. 이 프로젝트에 공감하여 도전해보겠다는 마음을 가진 사람을 선별하기가 쉽지 않습니다. '전하는 가게'를 하는 데에 매우 중요한 사항이기에 신중하게 진행하고자 합니다.

사실 우리와 같은 리뉴얼 사업에서는 새로 단장한 공간에 전국적인 체인망을 갖춘 상점이나 카페를 세입자로 들이는 것이 가장 효율적입니다. 그러나 그렇게 해서는 야마나시의 매력을 제대로 내보일 수 없습니다. 뿐만 아니라 그것은 지역과 밀착해온 우리 그룹다운 일이라고 할 수 없습니다. 디앤디 지역점을 하면 우리다운 문화를 전파하는 것이 가능합니다. 사내에서 이미 지역 산업을 활용한 상품 개발을 진행하고 있던 터라 상승효과를 기대할 수도 있습니다.

우리에게 이것은 장기적인 프로젝트입니다. 금전적 이익보다도 계속 힘쓸 가치가 있는지 없는지의 여부가 더 중요합니다. 그러한 목적을 늘 상기하며 개점을 향해 전진하고 있습니다.

## 체험담 2

# 디앤디파트먼트
# 프로젝트 영업 중

**홋카이도점** / 사사키 신佐佐木信
**시즈오카점** / 다카마쓰 다몬高松多聞
**가고시마점** / 다마가와 메구미玉川惠
**오키나와점** / 히가 야스시比嘉祥, 마키시 나미眞喜志奈美

2013년 2월 현재, 디앤디의 지역점은 홋카이도, 시즈오카, 가고시마, 오키나와에 있다. 지역점 대표나 프로듀서로 일하고 있는 다섯 사람이 '전하는 가게'의 현 상황과 디앤디 활동에 대한 이야기를 나누었다. 각자 배경은 다르지만, 모두 디자인과 지역 산업에 대해 높은 의식을 가지고 있다. '전하는 가게' 활동의 애로 사항과 그것을 극복하기 위한 자세, 그리고 어떤 보람이 있는지를 이야기한다.

## 디앤디파트먼트를 시작한 이유

─── 여러분은 왜 디앤디를 하겠다는 생각을 하셨나요?

**사사키:** 저는 삿포로에서 3KG라는 디자인 회사를 운영하고 있습니다. 회사가 궤도에 올랐을 무렵, 회사의 미래를 생각하니 디자인만 하는 것으로는 뭔가 모르게 부족하다는 느낌이 들었습니다. 그래서 가게를 하면 어떨까 생각하고 있었는데, 그 시기가 나가오카 씨가 47도도부현에 디앤디를 만들고 싶다고 한 시점과 맞아떨어졌던 거죠. 첫 지역점이라는, 아직 아무도 하지 않은 일에 도전해보고 싶은 마음도 있었습니다. 서로 같은 친구와 가깝다는 인연도 있었고요. 정신 차려보니 이미 가게가 시작된 느낌이기도 합

**사사키 신**
디앤디파트먼트 프로젝트 홋카이도 by 3KG 대표.
2007년 디앤디 지역점 1호의 문을 연 주인공으로 2010년부터
디앤디의 외부 디렉터로도 근무하고 있다. 3KG는 2000년에
출범한 삿포로의 디자인 회사이며 그래픽 디자인을 비롯한
다양한 디자인 작업과 프로젝트를 수행하고 있다.
주소: 北海道 札幌市 中央区 大通 西17丁目 1-7
전화번호: 011-303-3333

니다. 가게 문을 연 것은 2007년입니다.

**다카마쓰:** 저는 디자인과 관계된 일을 해본 적이 없고, 원래 샐러리맨이었는데 독립해서 시즈오카에 음식점을 냈습니다. 나가오카 씨는 《디앤디파트먼트 다이닝북 D&DEPARTMENT DINING BOOK》이라는 책을 통해 처음 알게 되었습니다. 책을 보게 된 계기는 음식이었으나 읽다 보니 그 바탕에 깔린 생각이 무척 흥미롭더군요. 그래서 인터넷으로 나가오카 씨의 블로그를 찾아봤지요. 디앤디를 전국에 열고 싶다는 글을 보고 관심이 가서 우선 도쿄와 오사카의 디앤디를 보러 갔습니다. 줄곧 음식업계에 있었던 저에게, 디앤디파트먼트 다이닝은 상식을 벗어난 가게였습니다. 좌석이 전부 소파인데다 좌석과 좌석 사이 간격도 무척 넓었지요. 일반적으로는 손님의 회전이 느려지기 때문에 절대 소파를 놓지 않고, 또 더 빽빽하게 좌석을 배치합니다. 메뉴의 사진 촬영 방법도 보통의 경우와 달랐습니다. 그리고 매장에는 도저히 팔릴 것 같지 않은 물건들을 늘어놓았더군요. (웃음) 그런데 보통 가게와는 다르다는 점에 왠지 모르게 마음이 끌렸습니다. 결국 나가오카 씨를 만

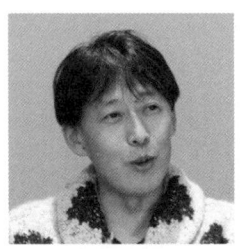

**다카마쓰 다몬**
디앤디파트먼트 프로젝트 시즈오카 by 타이타TAITA 대표.
그의 가게는 2008년 지역점 2호로 문을 열었다. 후지 산이 보이는 위치에 있고, 지역의 식자재를 활용하는 카페에도 공을 들였다. 대표인 다카마쓰 씨는 1988년에 타이타 코퍼레이션을 창업하여 시즈오카 시내에 음식점을 비롯한 약 20여 개의 점포를 운영하고 있다.
주소: 静岡県 静岡市 駿河区 高松 1-24-10
전화번호: 054-238-6678

나러 갔고, 그가 무리한 일이라고 말렸는데도 끝까지 떼를 써서 2008년에 시즈오카점을 열었습니다.

**다마가와:** 2010년 가고시마 시내에서 마루야가덴즈라는 상업 시설을 시작하기 위해 건축사무소 '미칸구미'에 리뉴얼 설계를 부탁했습니다. 이곳은 예전에 미쓰코시 건물이었죠. 리뉴얼 후 세입자가 아직 결정되기 전, 미칸구미의 다케우치 마사요시竹內昌義 씨가 디앤디라는 재미있는 곳이 있다며 소개해주어서 나가오카 씨를 만나게 되었습니다. 결국 마루야가덴즈의 세입자로서 지역점을 시작했을 뿐 아니라 마루야가덴즈 전체의 디렉션까지 나가오카 씨께 부탁드리게 되었답니다. 그때까지는 저나 준비 작업을 하던 직원들이나 디앤디를 잘 몰랐기 때문에 그저 독특한 사례라고만 생각했지요. 조사차 오사카점에 갔을 때는 카페의 느낌이 좋고 편안해서 개점 전이라 힘든 시기였는데도 느긋하게 점심을 즐겼던 것이 기억납니다.

**히가:** 저는 이전에 건축사무소에서 일하다가 독립해서 오키나와에 인테리어 가게 '믹스 라이프스타일'을 열었습니다. 예전부터 디

**다마가와 메구미**
디앤디파트먼트 프로젝트 가고시마 by 마루야MARUYA 대표.
그의 가게가 세 들어 있는 마루야가덴즈를 운영하는 마루보시丸星 본사 대표이기도 하다. 가고시마 역 앞 옛 미쓰코시 건물에 2010년에 문을 연 마루야가덴즈는 건물 내에 커뮤니티 활동을 위한 공간을 만들어 교류의 장으로 활용하고 있다.
주소: 鹿児島県 鹿児島市 呉服町 6-5 마루야가덴즈 4층
전화번호: 099-248-7804

앤디를 알고 있었고, '60비전'의 물건들을 가게에서 팔기 시작하면서 사업상 거래하는 관계가 되었습니다. '오키나와 스탠더드'라는 주택 프로젝트를 함께 진행하고 있는 마키시 나미 씨가 나가오카 씨를 알게 되고, 마키시 씨가 권해서 오키나와점을 해보자는 생각을 하게 되었습니다.

**마키시:** 일전에 나가오카 씨가 오키나와에 왔을 때, 히가 씨의 가게에 들렀다가 오키나와 스탠더드의 건축 모형을 보고 관심이 생겨 제 사무소에 오셨던 적이 있습니다. 그 일을 계기로 제가 디자인한 '라왕쉘브 Lauan Shelves'를 디앤디에서 팔게 되었죠. 그러다가 오키나와에서도 디앤디 지역점을 할 만한 사람을 찾고 있다는 사실을 알게 되었고, 그래서 히가 씨의 의견을 물었던 것입니다. 저는 롱 라이프 디자인의 보급과 지역 제조업의 활성화를 추구하는 디앤디의 활동에 매우 깊이 공감합니다. 오키나와라는 지역 특성상 디앤디 오키나와점은 호텔업을 병행하면 좋을 것이라고 생각했고요. 하지만 여러 가지 조건이 여의치 않아 호텔은 장래 목표로 남겨두고, 지금은 '믹스 라이프스타일'의 2층 공간을 디

**히가 야스시**
디앤디파트먼트 프로젝트 오키나와 by 오키나와 스탠더드 대표. 건축설계 회사를 거쳐 2000년부터 오키나와에서 인테리어 상점 '믹스 라이프스타일'을 운영하고 있다. 건축가로도 활동하고 있다.
주소: 沖縄県 宜野湾市 新城 2-39-8 2층
전화번호: 098-894-2112

앤디 오키나와점의 가점포로 삼아 영업을 시작했습니다.

─── 각자 상황은 달랐겠지만, 가게 문을 열기까지 어떤 어려움이 있었는지요?

**사사키:** 제게 가장 큰 문제는, 여러분과 달리 가게를 해본 경험이 없다는 점이었습니다. 또한 디앤디의 첫 지역점이었기 때문에 나가오카 씨도, 본부도 디앤디라는 브랜드를 밖으로 내보내본 경험이 없었습니다. 저희는 계속 디자이너로 일했기 때문에 손님 응대를 해본 적이 없었고, 매장에서 "어서오세요"라고 하는 것도 처음이었습니다. 디자이너로서 언제나 의뢰를 받는 입장에 있다가 갑자기 입장이 바뀌자 몹시 당황스러웠습니다. 그리고 우리 같은 지방의 작은 회사가 디앤디라는 커다란 존재에게 먹혀버리는 것은 아닐까 하는 걱정도 있었고요. 본업인 디자인 회사의 업무가 혹여 디앤디의 롱 라이프 디자인과 모순되는 경우가 생긴다면 그것도 문제였습니다. 하지만 그래픽 디자인은 기본적으로 사이클이 짧은 일이고, 많은 양을 소화해야 비로소 사업이 됩니다. 회사의 업무 내용에 대해 본부가 언급한 바도 있고, 우리가 지나치게 신

**마키시 나미**
디앤디파트먼트 프로젝트 오키나와 by 오키나와 스탠더드 디렉터. 도쿄를 거점으로 인테리어 디자인 등 디자인 일을 해왔다. 히가 야스시와 함께 주택 프로젝트 '오키나와 스탠더드'의 일도 진행하고 있다.

경을 썼던 시기도 있었지요. 최근에 들어서야 우리와 본부 간에 지켜야 할 선이 보이기 시작합니다.

**히가:** 저 역시 지역점을 시작하기 전 가장 우려했던 일이 본부와의 선긋기였습니다. 디앤디의 이념은 그간 제가 해온 것과 당연히 많이 달랐습니다. 위험부담을 떠안으면서까지 다른 사람의 생각을 실천하는 것에도 위화감이 들었고요. 하지만 디앤디 활동이 지향하는 바에 공감할 수 있었고, 디자인이 본업인 마키시 씨가 디렉터로 합류하면서 좀 더 이해할 수 있었습니다. 그런데 실제로 오키나와점을 시작하고 보니, 좀 지나치게 걱정했다는 생각도 듭니다. (웃음)

**다카마쓰:** 저는 본업인 음식점의 지향점과 디앤디로서 해야 하는 일 사이의 관계를 잘 모른 채 가게 문을 열었습니다. 개점 준비를 하는 과정 내내 본부는 "디앤디다워야 한다"는 점을 강조했는데, 처음에는 '디앤디다움'이란 것이 도대체 뭔지 알 수가 없었습니다. 마치 외국인과 대화하는 것 같았지요. 직원끼리 다툼이 생길 정도로 그것을 이해하는 일이 고민거리였습니다. 준비 초기에

는 모든 것이 암중모색의 상황이었습니다. 그러나 이미 가게 장소도 정해졌고 공사도 진행하고 있었기 때문에 '디앤디다움'을 모른다고 해서 그만둘 수도 없었습니다.

**사사키:** 본부에 인질을 내준 것 같았겠네요. (웃음)

**다카마쓰:** 제가 후지 산이 보이는 장소를 고집하는 바람에 시즈오카점은 밭 한가운데 자리 잡았습니다. 초기에는 디앤디를 아는 사람도 별로 없었기 때문에 손님이 찾아오게 될 때까지 정말 힘들었습니다.

**다마가와:** 가고시마점의 경우, 마루야가덴즈 개점 준비가 겹쳐 있었기 때문에 디앤디와의 선긋기를 생각할 사이도 없이 그저 돌진하는 상황이었습니다. 그래서 개점 후 매장을 재검토하고 궤도를 수정해나가면서 본부와 지역점의 관계를 차근히 규정하여 안정시켰습니다. 전체 취지 수립에 나가오카 씨가 관여해주셨기에 '가고시마다움'을 어떻게 살릴 수 있을지에 대해서도 함께 논의해 결정해나갔습니다. 개점 후 커다란 과제가 된 것은 '전하는 가게'로서 이상적인 활동을 추구하는 것과 장사로서 수익을 올리

는 것 사이에 균형을 맞추는 일이었습니다. 마루야가덴즈 안에는 '가든'이라 부르는, 커뮤니티 만들기를 위한 공간이 있는데, 가든과 디앤디의 공존 방식에 대해 개점 이후 계속 실험해가며 고민하고 있습니다.

## 커뮤니티를 넓히기 위해서

───── '전하는 가게'로서 실제로 어떻게 커뮤니티를 만들어가야 한다고 생각하시는지요?

**사사키:** 디앤디의 최초 지역점으로서 저희에게 커뮤니티를 만드는 일은 매우 큰 과제였습니다. 예를 들어 개점 초에는 우리 지역인 홋카이도의 산물에 자발적으로 관심을 보이는 손님이 거의 없었습니다. 당시 디앤디는 재활용품과 '60비전'의 이미지가 전부였기 때문에 지역 산물을 갖다 놓은 의미를 손님들에게 어떻게 전해야 할지가 고민이었습니다. 그러다가 아사히카와旭川의 다카하시高橋 공예 공방에서 만든 나무 그릇을 들여오고, 다카하시 씨의

신작 전시회를 매장에서 개최하면서 서서히 사람과 사람 사이에 관계가 생겨나기 시작했지요. 지난번 홋카이도점 개점 5주년 파티에서는 병설 카페 '피핀'의 요리를 다카하시 공방의 그릇에 담아냈답니다. 개점 후 3~4년이 지난 뒤에야 이렇듯 가게를 중심으로 한 커뮤니티를 실감할 수 있게 되었지요. 최근에는 잔치의 답례품으로 다카하시 공방의 그릇을 사가는 등 지역 사람이 자부심을 가지고 지역의 물건을 사야 한다는 생각이 점차 확산되고 있습니다.

**다카마쓰:** 사람의 흐름을 만들려면 이벤트가 중요하다고 생각해서 이벤트 개최에 필사적인 노력을 기울였습니다. 땀을 흘리지 않고 할 수 있는 일은 없다는 말을 본부로부터 들은 바 있기에 도쿄점과 오사카점의 이벤트에 찾아가 뒤에서 관찰하며 진행 방법을 메모하거나 저희가 기획한 이벤트를 본부에 제안하기도 했습니다. 그런데도 첫 이벤트를 마치고 나서는 나가오카 씨와 함께 반성회를 해야 했습니다. 이건 안 된다, 저건 이렇게 해라 등등 많은 지적을 받았습니다. 본부 직원이 오지 않아도 안심하고 이벤트를

진행할 수 있게 된 것은 최근의 일입니다. 직원들이 성장한 덕분이지요.

**히가:** 그러한 측면에서 오키나와점은 각지의 디앤디 선배들이 쌓아놓은 경험을 참고할 수 있어 다행입니다. 가게를 하기 전부터 디앤디 이벤트와 공부회에 대해 보고 들은 바가 있어서 대강은 알고 있었습니다. 이벤트는 이제 한 번 개최했을 뿐이지만 직원들이 사람들을 모아 즐겁게 해주는 것을 좋아하는 부류여서 큰 어려움을 느끼지 못했습니다. 참가자가 음료와 음식을 가져오는 '향토 자랑 파티'를 했는데 아주 즐거웠답니다.

**사사키:** 저희 같은 디자인 회사는 파티를 해본 경험이 없어서 처음에는 파티를 어떻게 해야 할지 몰라 당혹스러웠습니다. 특히 개점 파티 때는 도쿄점 직원들이 가게를 임시 휴업하고 모두 와주셨는데, 문득 정신을 차리고 보니 그분들이 전부 도와주고 계시더라고요. 초면인데도 척척 알아서 도와주는 사람들을 보니 대단한 일에 휘말려들었다는 생각이 들더군요. 파티를 하면서 스스로 즐길 수 있는 여유가 생길 때까지는 시간이 걸립니다. 그래도 계

속해나가면 점차 사람들이 모이는 환경으로 변화하지요.

**다카마쓰:** 디앤디 커뮤니티 만들기의 일환으로 공부회도 개최해야 합니다. 사실 저는, 디자인은 어려워서 잘 모릅니다. 하지만 반드시 어려운 주제를 다루지 않아도 된다고 생각해요. '누마즈沼津 맥주는 어떻게 만드나, 어떤 어려움이 있나' 같은 우리의 일상생활 가운데 흥미 있는 주제를 소개하고 있습니다. 그러면 같은 흥미를 가진 사람이 찾아와 자연스레 모이게 됩니다.

**사사키:** 너무 어렵게 생각하면 진짜 어려워집니다. 모르는 것은 얼마든지 있으니 그중 관심이 가고 어렵지 않은 것을 공부회 주제로 고릅니다. 그 외에 '전하는 가게'로서 정보 전달을 위해 노력하는 부분은 바로 블로그입니다. 디앤디는 항상 같은 상품을 팔고 신상품이 거의 없기 때문에, 새롭게 보이도록 무언가를 해야만 합니다. 롱 라이프 디자인이라는 명분을 외치면서 아무것도 생각하지 않는다면, 아무것도 전할 수 없습니다. 블로그도, 공부회도, 매장 디스플레이도 모두 마찬가지입니다. 보는 법을 바꾸는 계기를 만들기 위해 열심히 연구해야 합니다.

**다마가와:** 마루야가덴즈에는 건물 내에 커뮤니티를 위한 넓은 공간이 마련되어 있고, 여기서 지역 모임 활동이나 전시를 하고 있습니다. 따라서 디앤디가 사람을 모으는 일로 애쓰지 않아도 이미 건물 전체가 사람들이 서로 연결되기 쉬운 환경을 제공하지요. 저 역시 디앤디 커뮤니티만 생각하는 게 아니라 건물 내 다른 세입자의 흐름까지 함께 고려하고 있습니다. 물론 디앤디 덕분에 오는 사람도 있고 직원들과 교류도 생겨나는 것 같아요. 마루야가덴즈에 하나의 상징으로서 디앤디라는 '전하는 가게'가 있다고 생각합니다.

## 무엇을 팔고, 어떻게 전파할 것인가

──── 상품을 갖추는 일에 대해선 어떤 공부를 하고 있나요?
**다마가와:** 다른 지역점도 마찬가지일 텐데, 본부가 선정한 전국 공통의 대표 상품과 가고시마점이 선정한 지역 특산품을 함께 취급합니다. 저희 가게는 지역 손님이 많은데도 가고시마 물건이

잘 팔립니다. 좋은 가고시마 물건을 재발견할 수 있는 장소라는 인식이 정착되어 재방문하는 손님이 늘고 있지요. 본인이 사용하고자 하는 것은 물론, 포장이 멋스러운 물건이 많아서 기념품으로 사가는 분들도 많습니다.

**마키시:** 오키나와점은 류큐琉球 유리, 구바九波 나무 잎으로 만든 구바 부채, 미군 부대의 사진집, 그림엽서, 아와모리泡盛◆, 고야 맥주, 루트 맥주 등을 취급하고 있습니다. 오키나와 셀렉션은 아직 모으고 있는 중인데, 매우 보람 있는 일입니다. 아는 사람을 통해 좋은 작가를 소개받는 경우도 있습니다. 저는 도쿄에서 오래 살았지만, 히가 씨는 줄곧 오키나와에서 살았기 때문에 물건 제조업자들과 네트워크가 있지요. 개점 이전에 이미 디앤디의 상품 선정 기준을 알고 있었고, 그래서 도쿄에서 보내는 대표 상품과 오키나와의 물건을 함께 취급하면 분명히 좋은 가게가 될 것이라고 믿었습니다.

**히가:** '믹스 라이프스타일' 가게만 했을 때와 달리, 디앤디를 시작한 후 관광객 손님이 매우 많이 늘었습니다. 최근 오키나와에는

---

◆ 류큐 특산의 좁쌀 또는 쌀로 담근 독한 소주.

관광객과 이주민이 많고, 그런 분들에게 지역 산물이 인기랍니다.
**마키시:** 가게를 시작한 지 이제 겨우 수개월이지만, 매장의 물건 움직임을 보면, 디자이너로서 매우 신선하고 또 깨닫는 바가 큽니다. 디자이너에게는 좋은 디자인의 물건은 잘 팔리지 않는다는 고정관념이 있습니다. 그러니 자신이 선택한 좋은 디자인의 물건이 팔리는 것을 보면 정말 기분 좋습니다. 디자인하는 것보다 더 즐겁다는 생각이 들 때도 있습니다. (웃음) 오키나와에는 중고 가구도 좋은 것이 많습니다. 히가 씨는 가구에 대해 잘 알기 때문에 그가 재활용품점에서 사온 가구를 보면 가까운 데에 좋은 물건이 있었다는 사실을 실감합니다.

**다카마쓰:** 저도 디앤디를 하며 즐기고 있습니다. 본부의 제안은 언제나 기발하고, 아무도 해본 적 없는 것들입니다. 향토 자랑 파티도, 재활용품을 매입해 파는 것도 저는 전혀 생각지 못한 일입니다. 학교에서 쓰던 평범한 철제 사물함도 책과 가방을 넣어두면 불가사의하게 팔려나갑니다. 재활용품점에서 사온 50엔짜리 물건을 낡은 진열장에 넣으면 곧바로 상품이 되지요. 재활용품을

매입하는 방법도 나가오카 씨가 재활용품점을 함께 돌며 꼼꼼히 가르쳐주었습니다.

**사사키:** 그런데 이 일을 하려는 사람이 많지 않은 이유가 아무리 해봐도 큰 돈벌이가 되지 않기 때문 아닌가 생각할 때도 있습니다. (웃음)

──── '전하는 가게'를 하다 보면 돈벌이와 상관없는 활동을 해야 하기도 할 텐데, 그 같은 활동과 돈벌이의 관계를 어떻게 생각하십니까?

**사사키:** 저희는 디자인 회사라는 본업이 있어서 애초에 디앤디로 돈벌이가 안 돼도 좋다는 생각을 했고, 그 점에서는 나가오카 씨가 도쿄점을 설립했을 때와 비슷합니다. 단, 디자인 회사의 규모가 그리 크지 않기 때문에 만일 디앤디에서 지나치게 피를 많이 흘리면 죽습니다. 그럼에도 5주년을 맞았으니 정말 잘 유지해온 거죠. 이렇게 해올 수 있는 이유 중 하나는 삿포로가 비교적 큰 도시라는 사실에 있습니다. 외진 위치긴 하지만 어느 정도 큰 건물에 매장이 있다는 것도 꾸준히 일정한 인원의 손님이 찾아오는

데 도움이 되었지요. 가게가 넓은 만큼 초기 비용이 많이 들어 궤도에 오를 때까지 고생을 많이 하긴 했지만요. 나가오카 씨는 '전하는 가게'라면 건물이 매력적이어야 한다고 말합니다. 하지만 일반적으로 그런 말을 하는 경영자는 없습니다. 물건을 파는 장사라면 보통 가게 위치가 우선이니까요. 디앤디는 그와는 다른 감각을 통해 많은 사람들을 끌어들인 셈입니다.

**히가:** 디앤디로는 돈벌이가 되지 않는다는 사실은 오키나와점을 준비하기 이전에 이미 나가오카 씨에게 분명하게 들었습니다. 그는 "돈은 다른 일을 해서 버세요"라고 말했습니다. (웃음)

**다카마쓰:** 돈을 벌지 못해도 디앤디를 계속하고픈 마음이 드는 것은, 나가오카 씨의 인간적인 매력 때문입니다. 블로그에서 볼 때는 굉장히 별난 옹고집일 것이라고 생각했습니다. 그런데 실제로 만나보니 사람을 대하는 태도가 부드럽고 온화하며 공손했습니다. 항상 이야기하지만, 만약 나가오카 씨가 라멘 가게를 했다면, 저는 나가오카 씨와 함께 라멘 가게를 시작했을 것입니다.

**마키시:** 나가오카 씨는 원래 그래픽 디자이너였는데, 이만큼 많

은 가게를 열고 많은 사람들을 끌어들여 디앤디를 널리 확장시켰습니다. 저도 디자이너라서 그것이 얼마나 대단한 일인지 잘 압니다. 그래서 무척 존경하고 있습니다. 또 제가 태어난 오키나와에서만큼은 미력이나마 돕고 싶습니다. 오키나와는 전통적으로 공예가 번성했던 지방인데, 기념품점이 늘면서 본래 있던 공예의 힘이 약해지고 있습니다. 좋은 제작자가 있음에도, 일상생활에 밀착된 일용품과 도구를 파는 가게들이 사라지고 있어서 이대로는 안 되겠다고 생각했습니다. 그러한 문제의식이 디앤디와 일치했기 때문에 나가오카 씨의 힘을 빌려 '전하는 가게'를 하고 싶었던 것입니다.

**다마가와:** 마루야가덴즈의 자세도 디앤디와 일치합니다. 상업 시설로 존속하기 위해서는 이익이 나야 하지만, 애초에 그것이 목적은 아니었습니다. 돈벌이를 위해서라면 시작하지 않았을 거예요. 이 장소에서 상점을 지속하는 것이 지역을 위해 올바른 일이라고 생각해 개점을 결정했습니다. 나가오카 씨가 디앤디를 시작한 목적이 롱 라이프 디자인의 보급이었다고 하니, 근본 목적이 저와

다르다 해도 사고의 노선은 유사하다고 할 수 있습니다. 서로 비슷한 사명감이 있고, 그것을 위해 지역 사람들 사이에 신뢰를 넓혀가는 것을 기본으로 삼고 있지요. 물론 이 일을 지속하려니 여러 가지 벽에 부딪히게 됩니다. 간혹 타협하는 경우도 있지만 벽을 뛰어넘어 계속해나가야 한다는 마음으로 하고 있습니다.

**다카마쓰:** 저희 가게도 이익을 우선시하지는 않지만, 이익에 대해 냉철하게 생각합니다. 롱 라이프 물건을 팔면서 가게가 롱 라이프 하지 못한다면 말이 안 됩니다. 대단한 돈벌이가 안 된다고 해도 유지는 할 수 있는 수준이면 괜찮아요. 그러나 적자인 채 재고만 쌓여간다면 가게를 지속할 수 없습니다. 또한 현장에서 일하는 직원에게 제대로 월급을 주고 싶습니다. 아무리 멋진 활동이라도 그들에게 희생을 강요할 수는 없는 거죠. 물론 디앤디를 해서 내 배를 불리겠다는 생각은 없습니다.

**사사키:** 장사를 하면서 '내 배를 불리지 않겠다'는 자세를 갖는 것은 '전하는 가게'에서만 있을 수 있는 일일 것입니다.

**다카마쓰:** 경영자로서 관점과 디앤디를 즐기는 관점, 두 가지 관

점이 있습니다. 크게 돈을 벌 수도 없는데 품만 들고, 아무도 하지 않는 일이니 하지 않겠다는 것은 경영자적 관점입니다. 한편, 필요한 활동인데 하는 사람도 즐겁고, 오는 사람도 즐거우니 해야 한다는 관점도 존재합니다. 상반된 관점이지만 저는 누군가가 하지 않으면 안 된다고 생각합니다. 시즈오카에는 디자인이 뿌리내리지 못했고, 공예 작업을 하는 젊은이들이 작품을 발표할 장소도 거의 없습니다. 새로운 세대의 공예가나 사라져가는 물건을 지키려는 작가가 있다면 진심으로 돕고 싶습니다.

## 전하는 가게의 운영을 즐긴다.

――― 조금이라도 이익을 올리기 위해 주로 어떤 노력을 하고 있습니까?

**사사키:** 디앤디는 매상을 매우 자세히 분석하고, 그 결과를 매장에 활용하는 착실한 작업을 합니다. 그 점에서 본부와 지역점의 관계가 중요합니다. 본부는 분석 방법에 대한 조언을 해주기도 하

고, 시즈오카에서 팔리기 시작한 물건이니 홋카이도에서도 팔릴 것이라는 예상을 전해주기도 합니다. 지역점 전개 경험이 쌓이면서 각 지역점을 연결시키는 일도 가능해졌다는 생각이 듭니다.

**마키시:** 10일마다 매상을 확인하는 등 디앤디 점장으로서 의무와 책임을 수행하고 있습니다. 현장에서 할 수 있는 일과 본부의 요구를 완벽하게 양립시키기는 아직 어렵기 때문에 균형을 맞춰가며 돈을 회전시키고 있습니다. 앞으로는 오키나와점의 자발적인 기획을 본부에 제안해, 수익으로 연결해나가고자 합니다.

**사사키:** 공부회와 이벤트를 통해 가게 주변에 커뮤니티가 생기고, 그것이 매상으로 이어질 수 있다고 생각합니다. 그러나 '전하는 가게'의 경우, 이벤트로 모인 사람의 수가 직접적으로 매상에 반영되지 않습니다. 돈 문제를 아예 도외시하고 이벤트를 하는 것은 아니지만, 늘 어느 정도 적자를 각오하고 있습니다. 돈벌이가 안 되는 것, 매상 효율이 나쁜 것도 '디앤디다움'에 포함되어 있다고 생각합니다. 큰 돈벌이가 되는 것은 디앤디답지 않습니다.

**다카마쓰:** 돈벌이가 안 돼도 괜찮습니다. 아무도 하지 않는 일을

하고 무언가 바꿈으로써 기쁨을 얻는 사람도 있습니다. 단지 물건을 파는 일로는 얻을 수 없는 기쁨입니다.

**사사키:** 홋카이도점은 이제 사람과 일이 자연스럽게 연결되어 재미가 생기는 지역점에 돌입했다는 생각이 듭니다. 최근 저희 디자인 회사가 다카하시 공예 공방의 그래픽, 웹, 포장 등의 디자인을 맡게 되었습니다. 디자이너인 제가 가게를 내서 다카하시 공방의 나무 그릇을 팔고, 그것을 계기로 디자인 일을 맡게 되었으니, 드디어 우리 활동이 2주기에 돌입한 것입니다. 또한, 가죽 제품을 통해 지역 공예가 구사카 코시日下公司 씨와도 인연을 맺었습니다. 디앤디의 웹 사이트도 본부의 웹 부서와 제휴하여 현재 저희 회사에서 제작하고 있습니다. 본부와의 관계는 개점 이래 계속 크게 달라졌습니다.

**히가:** 제 경우는 다른 데서 볼 수 없는 물건을 찾아내 파는 일이 가게 운영에 커다란 동기 부여가 되고 있습니다. 오키나와의 제조업에 기획 단계부터 참여하는 일에 관심이 있습니다. 제작자를 적극적으로 돕는 일도 하고 싶습니다. 당장 이루기는 힘들겠지만,

차근히 실현해나갈 것입니다.

**마키시:** 그리고 커뮤니티 만들기와 호텔업도 반드시 잘해보고 싶습니다. 상품으로는 오키나와 물건을 더 늘리고 싶습니다. 좋은 물건이 많은 가게로 알려지면 좋겠습니다.

———— 마지막으로 '전하는 가게'를 하고 싶어 하는 사람들에게 전하는 메시지를 부탁드립니다.

**마키시:** 지방에서 '전하는 가게'를 한다면, 작은 공간에 엄선된 물건만 놓는 방법도 생각해볼 수 있습니다. 지역 규모에 맞는 장소를 만드는 것입니다. 공부회와 같은 이벤트는 가게 밖에서 개최하면 됩니다.

**사사키:** 제가 '전하는 가게'를 하면서 절감하는 것은, 사회성이 중요하다는 사실입니다. 세련된 가게를 만들어 꾸려가는 것만도 벅찬 일인데, 거기에 의식을 확산하는 '발신형' 가게를 하자니 정말 힘듭니다. 그래서 사회성을 지니는 것이 중요합니다. 디자이너 출신인 저희가 사회성을 익히기까지 어려운 점이 무척 많았습니다. 최근 가게 일과 디자인 일이 연결되어 겨우 보상을 받는 기분입니

다. 돌이켜보면, 지금까지 새로운 체험을 즐긴 것 같습니다.

**다카마쓰:** '전하는 가게'를 하기 위한 방법으로 디앤디의 지역점을 선택했다면, 디앤디를 잘 활용해야 합니다. 잘 활용해 계속 연결시켜나가는 것이 중요합니다. 시즈오카에서는 디앤디와 비슷한 취지의 가게가 늘어나는 등 좋은 현상이 번지고 있습니다. 저는 매장이 커야 한다고 생각합니다. '전하는 가게'에 사람을 모으기 위해서는 매력이 있는 공간, 즐길 수 있는 공간이 필수적입니다. 적자냐 아니냐의 여부는 가게 규모와 그다지 상관없습니다. 가게 규모가 작아도 얼마든지 적자가 날 수 있습니다.

**다마가와:** 사람이 모이는 장소 만들기를 스스로 즐기고, 그 일로 설레는 것이 무엇보다 중요합니다. 어떤 일을 시작하든 마찬가지일 것입니다.

**다카마쓰:** 저는 디자인에 대해 아무것도 모르고 가게를 시작했기 때문에, 물건 선정 방법도 스스로 알았다기보다 배워서 터득한 것이라 할 수 있습니다. 그렇게 '전하는 가게'를 하는 동안에 눈을 떴다고 할까, 알지 못하던 세계와 만날 수 있었습니다. 그것이

세상 가운데서 한걸음 앞서 나가는 일이라는 사실을 실감할 수 있었죠. 주변에 이런 가게는 없습니다. 계속 한발 앞서 나가고 싶어 열심히 노력하고 있습니다. 이것은 정말 즐거운 일입니다.

**히가:** 그렇습니다. 스스로 문제의식을 가지고, 공부하고, 문제를 해결하고자 하는 마음이 점점 더 강해집니다. 함께 일하고 있는 직원도 마찬가지입니다. 그러면서 지금까지 접점이 없었던 사람들과도 만나게 됩니다. 디앤디 주변 관계도 늘어가고, 이벤트 등을 통해 알게 되는 경우도 많으니 무척 감사한 일입니다. 단순히 상점을 운영하는 것이 아니라, 스스로 발신하는 입장에 서서 활동하다 보니 자연스럽게 그러한 상황이 만들어지는 것 같습니다.

체험담 3

# 디앤디파트먼트 프로젝트의 확산
# 'd의 친구들' 실행 중

트라토리아 블랙버드Trattoria Blackbird(이바라키茨城)
오부세小布施 정립도서관 마치토쇼테라소(나가노長野)
야마가타山形 배움관 모노스쿨Mono School(야마가타)

**【대담1】**
누마타 겐이치沼田健一(트라토리아 블랙버드 오너 셰프)

2011년부터 디앤디는 'd의 친구들'이라는 새로운 제도를
시작했다. 지역점은 아니지만, 디앤디 본부와 밀접한 협력 관계에
있고, '전하는 가게'에 가까운 활동을 하는 가게나 시설을
'd의 친구들'로 인정한다. 현재 'd의 친구'로 인정받은 곳은 세
군데이다. 본부가 인정서를 증정하고, 디앤디 활동 관련 서적을
박스에 넣어 가게 한쪽에 비치한다. 커뮤니티 만들기나 지역
문화 향상에 대한 열의와 노력은 디앤디에 뒤지지 않는다.

저는 디앤디 도쿄점의 다이닝 코너에서 4년 정도 일하다 고향에서 가까운 이바라키 현 미토水戸 시에서 '트라토리아 블랙버드'(이하 블랙버드)를 시작했습니다. 친구의 권유로 들른 디앤디가 매우 마음에 들었고, 그 후 나가오카 씨의 블로그를 통해 알게 된 그의 생각과 사는 법에 매우 공감해서 디앤디 다이닝에 들어갔지요. 그러다가 지역점 1호로 홋카이도점이 개점했을 무렵, 홍보 담당 겸 프로듀서 마쓰조에 미쓰코松添みつこ 씨로부터 "일을 그만두고 고향으로 돌아가면 디앤디 이바라키점를 하세요!"라는 반농담을 들었는데, 그것을 계기로 디앤디 다이닝을 그만두기로 마음먹었

**트라토리아 블랙버드**
디앤디파트먼트 다이닝 도쿄의 요리장으로 근무했던 누마타 겐이치 씨가 2008년에 독립해서 만든
트라토리아. 지역에서 기른 채소와 어패류를 사용한 이탈리아 음식과 바리스타가 만든 커피가 호평을
받고 있다. 가게 이름은 비틀스의 곡명에서 따온 것이다.
주소: 茨城県 水戸市 南町 3-5-3
전화번호: 029-224-5895
http://blackbird-mito.com/

습니다. 그리고 2008년에 블랙버드를 열었지요.

그 후 1주년을 기념해 나가오카 씨의 토크 이벤트를 개최했습니다. 처음에는 가게 안에서 할 예정이었는데, 기대 이상으로 많은 사람들이 와서 가까운 전문학교 교실을 빌려야 할 정도였습니다. 나가오카 씨는 그 후에도 종종 가게에 들렀고, 제게 함께 활동해보자는 제안을 하셨습니다. 이제 막 오픈한 음식점에서 디앤디를 하는 것은 운영상 무리였는데, 천천히 관계를 쌓아가는 'd의 친구들'이라는 제도가 생겨 그 1호점이 되었습니다.

블랙버드를 시작할 때부터 미미하게나마 디앤디의 활동을 응원하고 있습니다. 디자인과 여행을 주제로 한 잡지 «d 디자인 트래블»을 가게에서 계속 팔고 있고, 새로운 호가 나올 때마다 가게에 포스터를 잔뜩 붙여 지금까지 총 200권 정도를 팔았습니다. 그리고 제 블로그에 디앤디의 전시 일정과 참가했던 워크숍 등에 관한 글을 올리고 있습니다. 그러면 손님과도 자연스럽게 대화 주제가 생깁니다. 'd의 친구들'이 된 후에는 다다미 반 칸 정도의 공간에 선반을 두어 디자인 관련 서적과 지역의 무가지 등을 놓아두고 있습니다.

미토처럼 작은 지방 도시에서 개인이 하는 트라토리아에 오시는 손님은 일정 수준 이상의 문화적 감도를 지니고 항상 안테나를 길게 세우고 있는 분들입니다. 도쿄와는 정보 양에 차이가 있으니 가게가 적극적으로 정보를 알리면 틀림없이 반응이 옵니다. 또한 저는 《d 디자인 트래블》지의 47도도부현 칼럼에 이바라키편을 맡고 있습니다. 그 칼럼을 읽은 손님이 미토에 왔다 가게에 들른 적도 있습니다. 디앤디에 관심을 가진 사람 중에는 그렇게 호기심과 행동력을 갖춘 분들이 많습니다.

사회와의 접점을 가능한 한 많이 가지고, 지역 커뮤니티를 중요하게 생각하는 것은 제 가게를 지속하기 위한 일이기도 합니다. 개인이 운영하는 음식점은 앞으로 경기에 관계없이 힘든 시기가 계속될 것입니다. 맛있는 것을 먹는 행위는 단지 그것만으로 존재하지 않고, 영화나 음악과 같이 정신세계를 만족시키는 것, 마음을 움직이는 것과 결부되어 있습니다. 지방에 살면 아무래도 문화 활동을 접할 수 있는 기회가 적습니다. 좋은 것을 접할 수 있는 기회를 제공하여 지역 문화를 성숙시키면, 그것이 돌고 돌아서 제 가게로 다시 온다고 믿습니다.

예를 들어 예전에는 미토 시내에 소형 영화관이 여러 곳 있었으나, 지금은 하나도 없습니다. 그래서 저희가 직접 필름을 빌려오고, 상영 공간을 마련하고, 표를 팔아 연 4회 <시네마 블랙버드>를 열기로 했습니다. 그중 한 번은 가게 부근의 미토 예술관에서 개최한 영화제와 연계해 진행했고요. 이러한 이벤트를 정기적으로 열게 된 이유도 나가오카 씨의 토크 이벤트에서 보람을 느꼈기 때문입니다.

가게를 시작한 지 이제 만 4년이 되었고, 블랙버드를 통해 만들어진 사람들의 관계망도 꽤 넓어졌습니다. 고객도 단골도 하나 없는 상태에서 시작했기에 저 스스로도 놀라워하고 있습니다. 다만, 커뮤니티 만들기가 아무리 중요해도 절대 잊어서는 안 되는 것이 바로 음식의 질입니다. 가게가 커뮤니티를 위한 장이 된다는 것은 정말 좋은 일이지만 만약 음식이 맛없다면 진짜 흥미로운 사람들이 오지 않습니다. 마을 이벤트가 사람들을 모으기 위해 아무리 애를 쓴들, 정작 사람들을 기쁘게 해줄 내용물이 부실하면 제대로 정착하기 어려운 것과 마찬가지입니다. 음식점을 시작한 이상, 도쿄 사람들도 먹으러 와보고 싶어 하는 가게를 만들고 싶습니다. 거기에 보태어 지역을 위한 좋은 장을 만들고자 합니다.

【대담2】
하나이 유이치로花井裕一郎(오부세 정립도서관 마치토쇼테라소 전 관장)
하기와라 다카키萩原尚季(야마가타 배움관 모노스쿨 운영,
디자인 회사 콜론 대표)

## 디앤디파트먼트와의 만남

**하나이:** 저는 나가노 현 오부세 마을의 '마치토쇼테라소'라는 정립도서관 관장으로 일했습니다. 원래 도쿄에서 영상 제작 일을 했는데, 40대가 되어 오부세의 매력을 접하고, 이곳을 인생의 거점으로 삼자는 결정을 내렸습니다. 오부세는 강한 힘으로 사람을 끌어당기는 곳으로, 관광객도 많이 찾습니다. 그러나 고령층이 많고, 토산물이나 숙박비가 비싸 젊은 세대가 찾는 곳은 아니었지요. 마치토쇼테라소는 '배움의 장', '교류의 장', '정보의 장' 등 젊은 세대를 비롯한 모든 세대가 설렐 수 있는 장소가 되고자 했습니다. 도서관이지만 책을 빌리기 위한 장소일 뿐 아니라 사람들

---

**하나이 유이치로**
연출가. 오부세 정립도서관 마치토쇼테라소 전 관장(2012년 11월 퇴임).
TV 방송 등의 다큐멘터리 영상 디렉터로 활동했으며 2000년에 나가노 현 오부세 마을로 이주하여 '마을 만들기'에 적극적으로 관여하였다.
마치토쇼테라소는 2009년에 개관한 도서관으로 2011년 일본의 '올해의 도서관'으로 선정되었다.
주소: 長野県 上高井郡 小布施町 小布施 1491-2
전화번호: 026-247-2747
http://machitoshoterrasow.com

이 모이는 장소로 기능하고 있습니다. 2010년 «d 디자인 트래블» 나가노호가 나왔을 때 나가오카 씨가 찾아오셔서 이야기를 나눌 기회가 있었는데, 그것을 계기로 'd의 친구들'이 되었습니다.

**하기와라**: 저는 2001년부터 야마가타에서 '콜론'이라는 그래픽 디자인 회사를 운영하고 있습니다. 회사를 시작할 때부터 서점, 카페·레스토랑, 디자인 숍, 일터가 함께 공존하는 '콜론 파크'를 만드는 것이 꿈이었습니다. 그러다가 2004년 무렵 대학 시절 친구로부터 '야마가타 주물'의 디자인을 의뢰받은 것이 전환점이 되었습니다. 1970년대 야마가타 주물의 쇠 주전자 제품은 매달 200~300개까지 팔렸으나, 최근에는 매달 2~3개가 팔리면 다행인 수준입니다. 그것은 새로운 쇠 주전자 디자인이 필요하다는 뜻이었습니다. 시장조사를 해보니 색과 형태를 바꾸는 것만으로는 쇠 주전자가 팔리지 않는다는 사실을 알았습니다. 이와테岩手의 '난부데키南部鐵器'처럼 유명 브랜드도 아니고 제대로 된 유통망도 없었습니다. 그래서 야마가타 주물 제품을 팔려면 우선 그 가치를 널리 알려야 한다고 생각했지요. 그 무렵 나가오카 씨와 알게 되

---

**하기와라 다카키**
디자인사무소 콜론 대표. 콜론을 운영하면서 야마가타 배움관 모노스쿨도 위탁 운영하고 있다.
콜론은 야마가타 시를 거점으로 그래픽 디자인 일을 하는 회사다(2010년 4월~2013년 3월). 야마가타 배움관 모노스쿨은 2010년 개관. 제조업을 중심으로 지원하며, 전통 공예를 비롯한 야마가타의 산업을 소개하는 이벤트를 진행한다. 배움관 활동이 좋은 평가를 받아 2012년 굿 디자인Good Design 상 베스트 100에 선정되었다.
주소: 山形県 山形市 本町 1-5-19
전화번호: 023-623-2285
http://www.y-manabikan.com

었고, 롱 라이프 디자인을 추구하는 디앤디를 야마가타에 만들고 싶다는 생각을 했습니다. 현재는 본업과 병행하여 야마가타 시내에 있는 노후하여 폐교한 초등학교에서 '야마가타 배움관 모노스쿨'을 운영하고 있습니다.

**하나이:** 2008년에 도쿄 긴자銀座의 마쓰야松屋에서 개최된 <디자인 토산물전 니폰>에서 나가오카 씨를 처음 만났습니다. 그 행사는 전국의 토산물을 디자인의 관점에서 선별해 전시한 것으로 접근 방식이 매우 흥미로웠습니다. 지방 제조업이 지닌 매력을 좋은 디자인의 시각에서 평가한 일은 그때까지 없었습니다. 그 매력을 평가하기 위해서는 각 지방에 대해 깊이 파고들어야 했지요. 그 과정을 포함해 아주 멋진 일이라고 생각했습니다.

**하기와라:** 디앤디를 하고 싶다고 나가오카 씨께 말하자, 그는 "자네는 콜론에 최선을 다하게"라고 하며 제 청을 거절했습니다. 그때는 저도 나가오카 씨가 말하는 롱 라이프 디자인의 기준을 잘 이해하지 못했습니다. 그 후 나가오카 씨의 책을 너덜너덜해질 때까지 읽으며 점차 물건을 대한 사고방식이 바뀌었지요. 예전에는

고객을 위한 디자인을 했다면, 이제는 야마가타에서 살고 있으니 야마가타에 도움이 될 만한 디자인을 하자고 생각합니다. 그러한 생각이 야마가타 배움관 활동으로 이어진 것이지요.

―― 폐교한 초등학교에서 활동하는 이유는 무엇입니까?

**하기와라**: 지금의 폐교에서 활동하기 전, 야마가타 주물 조합이 소유한 낡은 건물에서 전시회와 워크숍을 하면서, 디앤디 야마가타점을 열기 위해 꽤 많은 장소를 돌아보았습니다. 거의 2년 동안 매일 돌아다니며 장소를 물색했지요. 제 노력이 가상하다며 나가오카 씨가 함께 다녀주시기도 했습니다. 그러던 중 야마가타 현의 근대 유산으로서 보존 대상이 된, 1927년에 지은 야마가타 시립 제1소학교의 활용안을 공모하고 있다는 사실을 알게 되었습니다. 지원 조건은 제조업 지원의 거점이 될 것, 배움의 장소가 될 것, 지역 주민 교류의 장이 될 것이라는 세 가지였습니다. 찾아다니던 공간에 비하면 규모가 훨씬 더 컸지만 공간이 아주 매력적이었을 뿐 아니라 제가 하고 싶어 하는 일과도 잘 어울렸지요. 그 공모에 선정되어 야마가타 배움관을 시작하게 되었습니다. 건물

에는 관광 안내실, 카페, 토산물 소개실, 이벤트 공간, 문화재 전시실 등이 있습니다. 매우 다양한 연령층의 사람들이 모이기 때문에 디자인이 전면에 나서지 않도록 조심하고 있습니다.

## '디자인'에 거부감을 가진 사람이 많다.

**하나이:** 그 점에 대해서는 잘 알고 있습니다. 디자인이라는 말에 거부감을 느끼는 지방 사람들이 많습니다. 디자인이 어떠냐의 문제는 어디까지나 그것을 잘 이해하는 사람들끼리의 이야기로 족합니다. 그런 측면에서는 '롱 라이프'라는 생각이 저항감 없이 널리 확산되기 쉬울 듯해요. 오부세 같은 지방에서는 농업도 롱 라이프한 일이고, 도서관도 롱 라이프 서비스라고 생각하면 좋을 것 같습니다.

**하기와라:** 그렇습니다. 일반 시민에게는 굳이 디자인이라는 말을 사용하지 않고 '좋은 공간이구나'라고 느끼게 만드는 것이 더 바람직합니다. 그것이 디자인에 대한 이해로 이어질 것입니다. 야마

가타 배움관 카페에서는 '덴도天童 목공'의 의자를 사용합니다. 그러나 디자이너와 제조사의 이름을 드러내지 않습니다. 옆방의 토산물 소개실에서 같은 의자를 판매하며 그곳에서 의자에 대한 상세한 정보를 전달합니다. 의자에 관심을 보이는 사람에게는 직원이 가볍게 말을 건넵니다. 배움관에서 일하는 직원은 콜론의 디자이너지요. 손님과 직접 접촉하고 이야기를 나눠본 경험은 디자이너 일에도 언젠가 반드시 도움이 될 것이라고 생각합니다.

―――― 하나이 씨는 전에 영상 제작의 일을 하셨는데, 그 경험이 커뮤니티 만들기에 도움이 되는지요?

**하나이:** 크게 도움이 됩니다. 저는 30대까지 연출가로서 다큐멘터리 영상을 만드는 일을 했고, 사람들에게 "대단하다", "멋지다"라는 말을 들을 수 있는 작품을 만들고 싶었습니다. 당시에는 커뮤니티 만들기를 하게 될 줄 꿈에도 몰랐습니다. 하지만 오부세라는 마을을 만나고, '마을 만들기'를 하고 있는 사람들을 만나면서, 이것이 제가 바라던 일이라는 생각이 들었지요. 그 후에도 저는 제 자신이 도서관 연출가라고 생각했습니다. 도서관의 주인공

은 그곳을 방문하는 지역 사람들입니다. 불쑥 찾아온 사람이 "우와, 멋진 책을 발견했어"라고 말하는 순간, 그것을 제가 뒤에서 만들고 있다고 생각하면 정말 즐겁습니다. 더욱이 이곳은 교류의 장소이고, 육아의 장소이며, 배움의 장소이기도 합니다. 우리가 무언가를 행하면 직접적으로 돌아오는 무언가가 반드시 있습니다. 다른 사람과 에너지를 주고받는 묘미를 알게 되면 거기서 빠져나갈 수 없습니다. 한때 디자인과 무관한 제가 디앤디에 손대서는 안 된다고 생각하기도 했는데요, 하지만 나가오카 씨와 이야기를 나누다 보니 서로 생각이 겹치는 부분이 많았습니다. 영상 제작 경험 중 특히 도움이 되는 부분은 선별해내는 법, 즉 편집력이 좋다는 점입니다. 시부야 히카리에의 'd47 뮤지엄'도 'd47 식당'도 그런 점에서 정말 멋지다고 생각해요. 도서관의 책 정렬법도 편집이라고 생각하며 조금만 바꿔주면 한층 재미가 늘어납니다.

## '디앤디'와 'd의 친구들'은 우열 관계가 아니다.

**하기와라:** 편집력에 있어서 나가오카 씨는 항상 한발 앞서 있는 선배입니다. 저는 그의 안경을 빌려 사물을 보고 있는 상태입니다. 그렇게 함으로써 새로운 주제를 찾아낼 수 있죠. 제 자신이 향상되는 것은 물론 사람들과 관계의 테두리도 넓어지고 있습니다.
**하나이:** 그렇다 해도 하기와라 씨, 그토록 큰 규모의 장소를 운영하다니 정말 대단합니다.
**하기와라:** 나가오카 씨의 책을 보면, 집에서 시작해 늘 무리해서 한 계단 한 계단 올라갔습니다. 주위에서 보기에 무모했고, 자기 스스로도 어려울지 모른다고 생각했으나 결국은 끝까지 해냈습니다. 나가오카 씨가 해냈으니 나도 할 수 있다고 생각하려 합니다. 재미있어 보이기도 하고, 어려울 것 같기도 하면 일단 해보는 쪽을 택합니다. 행정 관료가 엄격해 어렵지만 그럼에도 돌진을 외치는 바보 같은 디자이너가 있어도 괜찮지 않을까요? 아직 작은 회사인데, 공적인 일을 맡아서 신용이 높아졌고, 또 접점이 없던

사람들과 만날 수 있는 기회도 많아졌습니다.

─── 언젠가 본격적으로 디앤디를 한다면, 어떤 활동을 하고 싶습니까?

**하기와라:** 나가오카 씨께 야마가타점을 내고 싶다고 한 지 벌써 6년이 넘었습니다. 각지에 지역점이 생기고 있으니, 야마가타가 47도도부현의 맨 마지막이 될지도 모르겠습니다. (웃음) 현재 배움관의 조건상 물건을 파는 것은 가능하지만 영리 목적의 영업을 할 수 없기 때문에 디앤디의 이름을 걸지 못합니다. 지금도 좋은 디자인의 재활용품을 판매하고 있고, 지역 농가의 채소를 이용하는 카페를 운영하고 있으며, 벼룩시장과 이벤트도 벌이고 있어요. 야마가타에서 롱 라이프 디자인 가게를 하려면 먼저 그 필요성을 많은 사람들이 느끼도록 만들어야 합니다. 거북이 걸음일지 모르지만 그런 의식을 넓힌 후 걸맞은 장소를 찾으려 합니다.

**하나이:** 저도 디앤디와 'd의 친구들'에 우열이 없다고 생각합니다. 지금도 좋은 파트너여서 좋은 생각이 떠오르면 곧바로 메일로 주고받고 있습니다. 가게 대표가 되는 것이 목적이 아니라 더 좋은

파트너가 되는 것을 목표로 삼고 싶습니다. 나가노점을 오부세에 만드는 것도 구상하고 있으나 이것도 어디까지나 한 과정이라고 생각해요. 나가노도 야마가타와 마찬가지 상황입니다. 지금 상태로는 도쿄점처럼 물건을 늘어놓아도 팔리지 않을 것입니다. 디앤디의 활동을 재미있게 생각하는 사람들이 분명 존재합니다. 이들을 바탕으로 어떻게 커뮤니티를 잘 만들어갈지, 어떻게 지역 생활을 즐겁게 만들 수 있을지를 깊이 고민하며 앞으로 나아가고자 합니다.

**하기와라:** 야마가타 배움관을 시작한 후 그 영향으로 쇠 주전자가 더 잘 팔리는지 아닌지는 아직 잘 모르겠습니다. 그러나 우리 활동이 행정 서비스의 일환이라 비교적 영향력이 커서, 마을 사람들의 사고방식이 바뀌는 것을 분명히 느낄 수 있습니다. 'd의 친구들'이 된 것도 그러한 변화를 인정받았기 때문이라고 생각합니다. 그러한 변화가 힘을 내 계속할 수 있는 원동력이 됩니다.

**하나이:** 오부세에는 '마을 만들기'를 배우겠다는 젊은이들이 많이 찾아옵니다. 언제까지 있을 것이냐고 물으면, 오늘 보고 내일

돌아가겠다는 사람조차 있습니다. 그것은 그저 견학에 불과합니다. 이론으로 아무리 무장한들 커뮤니티를 만들 수 없습니다. 하기와라 씨도 야마가타라는 곳에서 진검 승부를 펼치고 있습니다. 해봐야 헛수고라며 미리 머리로 판단하지 말고, 몸을 움직여 실행하는 것이 중요합니다. 실제로 그것이 제일 빠른 길입니다.

——— 커뮤니티 만들기를 지속하려면 함께 일하는 동료와의 관계도 중요할 것입니다. 이에 관해 어떻게 생각하시는지요?

**하기와라:** 콜론은 디자인 회사임에도 불구하고, 아침부터 저녁까지 전원이 야마가타 배움관에서 일합니다. 그리고 나서 밤에 디자인 작업을 하지요. 배움관 일에 전 직원을 끌어들이기 위해 직원들과 함께 나가오카 씨나 홋카이도점을 운영하는 3KG를 직접 만나러 갔습니다. 3KG는 제가 동경하던 디자인 회사였습니다. 배움관 일을 반대하는 직원과 함께 홋카이도에 가서 3KG 대표인 사사키 씨와 한밤중까지 술을 마셨습니다. 그렇게 해서 겨우 이해시켰지요. 이러한 사람들과 만나기 위해, 이러한 관계를 만들기 위해, 우리의 껍질을 벗어야 한다고 설득하면서 말입니다.

**하나이:** 마치토쇼테라소의 직원 중에도 제 생각을 이해하지 못한 사람들이 있었을 것입니다. 그러나 다른 한편으로는, 여기서 일하고 싶어 먼 곳에서 오부세로 이주한 사람도 있습니다. 하나에서 둘, 둘에서 셋으로 이해하는 사람이 늘어갈수록 일이 쉬워집니다. 혹여 멀어지는 사람이 있어도 어쩔 수 없습니다. 하지만 즐겁게 일하면 반드시 사람들이 모여듭니다. 동료와 함께 무언가 만들어가는 경험을 하고 나면, 이 일을 그만두기 어렵습니다.

마치며

디앤디파트먼트 프로젝트를 시작하고 10년 정도가 지난 뒤에야 저는 겨우 '민예'라는 개념을 받아들일 수 있었습니다. 예전부터 민예를 알고는 있었지만, 산업 제품 디자인을 좋아하는 저로서는 민예의 토착적인 느낌이 어딘가 전혀 다른 세계의 일 같아서 선뜻 받아들이지 못했습니다.

어떤 이에게 "당신이 하고 있는 일은 현대판 민예운동이네요"라는 말을 듣고, 그날 밤 처음으로 민예운동의 아버지 야나기 무네요시柳宗悅에 대해 알아보았습니다. 우연이겠지만, 우리가 《d 롱 라이프 디자인》이라는 소책자—후에 《d 디자인 트래블》 잡지로 전환—를 만들었던 것처럼, 야나기 무네요시도 《공예》, 《민예》라는 소책자를 냈습니다. 'd47 프로젝트'의 이름으로 일본 47개 지역에 디앤디를 만들어가는 것과, 여러 지방의 민예운동 지지자들이 '민예관'을 세운 것도 매우 비슷합니다. '비슷하다'고 말하자니 민예운동 관계자들에게 죄송한 마음도 듭니다. 하지만 민예운동 역시 '도쿄의 디자인이 디자인의 정답은 아니다'라는 우리의 생각과 매우 가깝습니다. 그래서 40세가 되던 해에 드디어 처음으로 고마바駒場에 있는 일본 민예관을 찾아갔습니다. 지금도 그때의 충격을 잊을 수 없습니다.

민예관을 통해 야나기 무네요시와 야나기 소리가 어떤 일을 한 것인지 생각해보게 되었습니다. 그리고 일본 전역에 만들어질 디앤디의 목표를, 각 지역점의 '최종적 자립'으로 수정했습니다. '최종적 자립'이란 '나가오카나 도쿄 본부에 기대지 않고, 그 지역의 개성을 추구하여 '지역다움'을 계승하는 데에 도움이 된다' 그리고 '대도시 못지않은 현명함을 발휘하여 분명하게 생각을 전한다'는 것을 뜻합니다. 현재는 지역점과 형식상 일종의 프랜차이즈 계약을 맺고 있으나, '최종적 자립'을 하고 나면 본부에 더 이상 로열티를 지불하지 않는 제도로 수정하고자 합니다. 이는 민예관과 민예운동의 영향을 받은 결과입니다.

'전하는 가게'를 지속하기 위해서는 지원금 따위에 의존하지 않고 자립해야 합니다. 지역에서 자립하려면, 지역 문제를 생각하는 실질적인 수요를 발굴하고 일정량의 물건을 판매할 수 있어야 하고요. 무엇을 계승해야 하는지를 고민할 때는 반드시 현대인의 욕구를 고려해야 합니다. 이는 문화 의식이 높은 '가게'에서만 실현할 수 있는 일입니다.

오늘날 생활용품점의 현실은 참담합니다. 생활용품이라고 부르기 어려운 잡화를 팔면서 '라이프스타일 스토어'라는 이름을 붙이기도 합니다. 무조건 싸면 그만인 유행품과 잡화 체인점에 우리의 미래를 맡길 수 없습니다. 아니, 맡기고 싶지 않습니다. 가게를 토대로 모두 함께 우리의 미래를 이야기해야 하고, 미래를 위해 변화할 수 있도록 반드시 실천해야 합니다.

우리는 앞으로 그와 같은 의식을 가진 파트너와 함께 가게를 통해 각지의 개성을 발굴하고, 정리하고, 교류를 만들어갈 것입니다. 디앤디는 아직 이상적이지 못하고 또 믿음직스럽지도 못합니다. 하지만 부디 좌충우돌하는 우리의 모습을 지켜봐주시기 바랍니다. 쓸모없는 물건을 만드는 제조업자에게 함께 불만을 토로할 수 있는 가게, 올바른 물건을 만들면 함께 박수를 보내는 가게가 되도록 노력하겠습니다.

디앤디파트먼트 프로젝트 가게에서 물건을 사주십시오.

나가오카 겐메이

233 마치며

# 디앤디파트먼트 프로젝트 주요 활동

**1999**

7　웹 사이트 'D&MA' 오픈. 7개의 재활용품 판매

**2000**

4　도쿄 미타三田에 자택 겸 주말 예약제 가게 'D&MA' 살롱, 통칭 '미타d' 오픈

8　도쿄 에비스恵比寿 부근에서 가게 장소를 발견했지만 단념. 세타가야世田谷에서 현재의 도쿄점 장소 발견

11　도쿄 세타가야에 '디앤디파트먼트 프로젝트'(현재 디앤디파트먼트 도쿄) 오픈

**2001**

6　'디앤디파트먼트 프로젝트' 2층 오픈

**2002**

9　오사카, 미나미호리에南堀 강 부근에 직영 2호점 '디앤디파트먼트 오사카' 오픈

9　'60비전' 가리모쿠60 시작

12　활동 서적 «Only Honest Design Can be Recyclable»(엑스날리지エクスナレッジ) 출간

**2003**

10　'60비전' 등의 활동으로 굿 디자인상 심사위원장 특별상 수상

**2005**

9　'60비전' 합동 전시회 개최 ‹도쿄 인터내셔널 기프트 쇼› 참가

12　활동 서적 «Long Life Style 01»(平凡社) 출간

**2006**

10　‹100% Design Tokyo›에서 '60비전' 합동 전시회 개최

**2007**

11　첫 지역점 '디앤디파트먼트 삿포로(현 홋카이도) by 3KG' 오픈

12　«D&DEPARTMENT DINING BOOK»(主婦の友社) 출간

**2008**

2　‹NIPPON VISION EXHIBITION 도쿄›전 개최(디앤디파트먼트 도쿄와 그 외)

7　«60VISION 기업의 원점을 지속적으로 판매하는 브랜딩»(美術出版社) 출간

8　활동 서적과 같은 맥락에서, 잡지 «아이디어»(誠文堂新光社)의 특집 기사 "디앤디파트먼트 프로젝트 2005~2008" 게재

9　‹디자인 토산물전 니폰›전 개최(마쓰야, 긴자). 같은 이름의 책 간행(美術出版社)

11　'디앤디파트먼트 시즈오카 by 타이타' 지역점 오픈

**2009**

5　‹NIPPON VISION 2 GIFT›전 개최 (디앤디파트먼트 도쿄와 그 외)

11　디자인과 여행을 주제로 한 잡지 «d design travel 홋카이도北海道» 발행

| | | | |
|---|---|---|---|
| 2010 | | 7 | '디앤디파트먼트 오키나와 by 오키나와 스탠더드' 지역점 오픈 |
| 2 | ‹NIPPON VISION 3 DESIGN TRAVEL› 전 개최(마쓰야, 긴자 디자인갤러리-1953 그 외) | 9 | «d design travel 도쿄東京» 발행 |
| | | 2013 | |
| 4 | '디앤디파트먼트 가고시마 by 마루야' 지역점 오픈 | 2 | «d design travel 야마구치山口» 발행 |
| | «d design travel 가고시마鹿児島» 발행 | 3 | 이 책 «디앤디에서 배운다, 사람들이 모여드는 전하는 가게 만드는 법» (美術出版社) 간행 |
| 7 | ‹NIPPON VISION TOCHIGI› 전 개최 (갤러리 책) | 6 | «d design travel 오키나와沖縄» 발행 |
| 8 | «d design travel 오사카大阪» 발행 | 10 | «d design travel 도야마富山» 발행 |
| 11 | «d design travel 나가노長野» 발행 | 11 | 한국의 서울에 최초의 해외 지역점 '디앤디파트먼트 서울 by 밀리미터밀리그람' 오픈 |
| 12 | ‹NIPPON VISION in KOREA› 전 개최(서울, 공예트렌드페어) | | |
| 2011 | | | 후쿠오카福岡 기온祇園에 직영 3호점 '디앤디파트먼트 후쿠오카' 오픈 |
| 2 | «d design travel 시즈오카静岡» 발행 | 2014 | |
| 4 | ‹NIPPON VISION 4 accessories› 전 개최(이세탄 신관 그 외), 같은 이름의 서적 발행(美術出版社) | 2 | «d design travel 사가佐賀» 발행 |
| | | 3 | 나가오카 겐메이의 '좋은 물건의 발굴과 재생'을 평가받아 마이니치每日 디자인상 수상 |
| 9 | «d design travel 도치기栃木» 발행 | | |
| 2012 | | 4 | 대만에서 이 책이 번역서로 출간된 것을 기념하여 대만 타이베이에서 상점 형식의 ‹D&DEPARTMENT 2014 TAIWAN› 전 개최 |
| 1 | «d design travel 야마나시山梨» 발행. | | |
| 4 | 도쿄 시부야 히카리에에 'd47 박물관', 'd47 디자인 트래블 스토어', 'd47 식당' 오픈 | | |
| | | 7 | «d design travel 후쿠오카福岡» 발행 |
| 6 | ‹니폰47 브루어리-47도도부현의 크래프트 맥주› 전 개최(d47 박물관 그 외) | 11 | «d design travel 야마가타山形» 발행 |

**나가오카 겐메이**

1965년 홋카이도 출생. 일본 하라 디자인 연구실(현 연구소)을 거쳐, 1997년 '드로잉 앤드 매뉴얼'을 설립. 2000년, 이제까지의 디자인 작업을 집대성하고 디자이너가 생각하는 소비의 장을 추구하기 위해 도쿄 세타가야에서 디자인과 재활용을 융합한 새로운 사업 '디앤디파트먼트 프로젝트'를 시작. 현재 '디앤디파트먼트 프로젝트'는 도쿄, 오사카, 후쿠오카의 직영점을 비롯하여 홋카이도, 시즈오카, 가고시마, 오키나와, 야마나시, 그리고 서울의 지역점에 이르기까지 총 9개의 점포에서 활발히 활동 중. 또한 2009년 11월부터 일본을 디자인의 관점에서 안내하는 각 현県의 가이드북 «d 디자인 트래블d design travel» 간행. 2012년 도쿄 시부야의 히카리에에 'd 박물관', 'd 디자인 트래블 스토어', 'd47 식당' 오픈. 2013년 마이니치 디자인상 수상.

**허보윤**

현대공예 이론가, 서울대학교 교수.
좋은 물건을 통해 사회를 바꿀
수 있다고 믿는 윌리엄 모리스의
후예라는 점에서 이 책의 저자
나가오카 겐메이와 동류이다. 좋은
물건을 만드는 일인 공예의 가치를
대학에서 가르치면서, 그 가치가
통용되는 공예적 사회를 꿈꾼다. 보다
많은 사람들이 같은 꿈을 간직하길
바라는 마음에서, '공예'를 '좋은
디자인'으로 바꿔 말하는 나가오카
겐메이의 책을 번역하였다.

# 디앤디파트먼트에서 배운다,
## 사람들이 모여드는 전하는 가게 만드는 법
사면서 배우고, 먹으면서 배우는 가게

초판 1쇄 발행 2014년 11월 1일
5쇄 발행 2022년 12월 31일

지은이　　　나가오카 겐메이
옮긴이　　　허보윤
편집　　　　최윤호

한글 조판　　워크룸
아트디렉션　유미영
교열　　　　전남희
마케팅　　　유혜정
번역 지원　　김송이
삽화 한글　　이은선

펴낸이　　　배수열, 유미영
펴낸곳　　　에피그람(EPIGRAM)
주소　　　　140-892 서울시 용산구 이태원로 240
전화　　　　02-3210-1601
팩스　　　　02-3210-1605
홈페이지　　epigrambook.com

Printed in Korea
ISBN　　　　978-89-962640-5-7 13320

에피그람은 (주)밀리미터밀리그람이 만든 출판사입니다.

이 도서의 국립중앙도서관 출판시도서목록(CIP)은 e-CIP 홈페이지(http://www.nl.go.kr/ecip)와 국가자료공동목록시스템(http://www.nl.go.kr/kolisnet)에서 이용할 수 있습니다.
(CIP제어번호: CIP2014029965)